W0417268

LES PATRONNES
JULIE KANSARA
ANNA ROSE PATTERNS
YOU MADE MY DAY

Manteaux et vestes

PHOTOGRAPHIES : LALY PICON
STYLISME : MARIE MERSIER

MANGO

Sommaire

Introduction

Les vestes et les manteaux sont des pièces qui complètent une tenue et vous accompagnent tous les jours, définissant votre style. La veste de mi-saison, à la fois élégante et pratique, se décline en plusieurs centaines de modèles différents et est encline à de nombreuses possibilités esthétiques. Cependant, lorsqu'on envisage l'acquisition d'un manteau pour l'hiver, les choix ne sont pas aussi larges qu'on le souhaiterait. Il y a bien sûr les incontournables et fonctionnels caban et duffle-coat, mais ils peuvent malheureusement manquer d'originalité. En repensant des modèles phares de la mode, cet ouvrage vous propose de diversifier votre garde-robe, sans oublier de vous maintenir au chaud !

Nous avons privilégié le confort et l'adaptabilité, c'est pourquoi les modèles qui vous sont proposés peuvent convenir à la vie de tous les jours. Chacun des patrons peut être créé dans une couleur ou un tissu différent, pour se prêter à toutes les occasions. Ces modèles peuvent ainsi constituer des basiques de votre garde-robe avec, néanmoins, des effets de matière, des revisites innovantes et des doublures imprimées qui sauront faire la différence.

Réalisez pas à pas les modèles de quatre talentueuses créatrices, revalorisez vos vestes et manteaux pour que chaque matin, choisir la dernière pièce de votre tenue cousue par vos soins soit un véritable plaisir.

Les patronnes

Fiona est la créatrice de la marque de patrons de couture Les patronnes, véritable « boite à outils » numérisée pour les adeptes de la couture. Le concept des Patronnes est d'aider à se lancer en couture en proposant des patrons (femme ou enfant) faciles à réaliser et guidés avec des pas à pas complets ou des vidéos sur des points techniques qui fâchent.

Tendance et féminines, les créations des Patronnes pourront se décliner sur de nombreux tissus, pour des réalisations complètement personnalisées.

www.lespatronnes.fr

Les vestes des Patronnes

Le manteau Neva

Ce manteau court sera idéal comme petite veste de mi-saison. Les manches et le col cheminée sont coupés à même pour faciliter le montage. Orné de deux grandes coutures circulaires, il peut ainsi s'apparenter à un triptyque avec ses trois parties horizontales.

MATÉRIEL

- 2 m 30 de tissu (en 1 m 40 de large)
- 1 m 80 de doublure
- 5 boutons ou gros boutons-pressions
- 80 cm à 1 m de thermocollant

TISSUS CONSEILLÉS

- Vous pourrez le confectionner dans de nombreuses matières semi-épaisses (autour de 300-350 g/m²) : lainages velours, laine foulée, suédine, molletonné, tweed, mouton...

PIÈCES DU PATRON

Patron tracé en noir et en vert / planche A Les Patronnes. Le tissu est plié en deux.

Pièce	*Coupe*	*Marges de couture incluses*
(1) Col devant	× 2	1 cm tout autour
(2) Col dos	× 1 au pli	1 cm tout autour sauf au pli
(3) Pièce centrale	× 1 au pli	1 cm tout autour sauf au pli
(4) Manche	× 2	1 cm tout autour
(5) Devant bas	× 2	1 cm tout autour
(6) Bas du dos	× 1 au pli	1 cm tout autour sauf au pli
(7) Parmenture devant	× 2 tissu + thermocollant	1 cm tout autour
(8) Parmenture col dos	× 1 au pli + thermocollant	1 cm tout autour sauf au pli
(9) Doublure devant	× 2 doublure	1 cm tout autour
(10) Doublure dos	× 1 au pli doublure	1 cm tout autour sauf au pli
(11) Doublure manche	× 2 doublure	1 cm tout autour
(12) Poche	× 4 doublure	1 cm tout autour

PRÉPARATION

- Repassez le tissu (de préférence lavé) et pliez-le en deux, dans le sens du droit-fil (parallèle à la lisière).
- Décalquez le patron papier à la taille souhaitée.
- Posez le patron papier sur le tissu, en posant la marque « sur le pli » bord à bord avec la pliure du tissu, et les marques « droit-fil » parallèles à la lisière, et épinglez le patron avec le tissu principal (Voir les plans de coupe). Faire de même avec la doublure.
- Reportez bien les crans de montage.
- Coupez le tissu au ras du patron (valeurs de couture incluses).

PLAN DE COUPE

Tissu principal

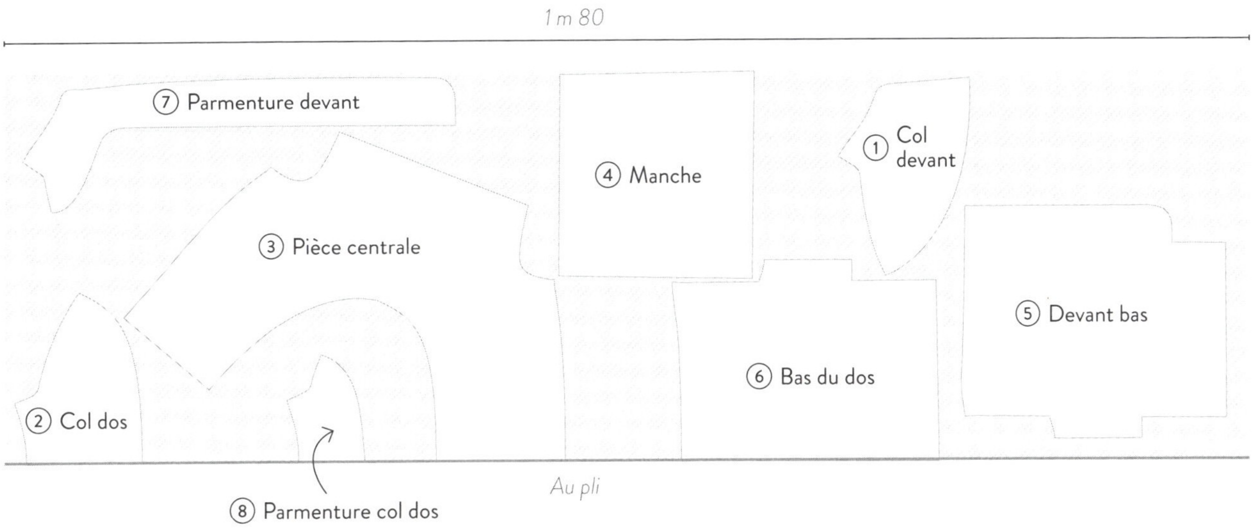

Doublure

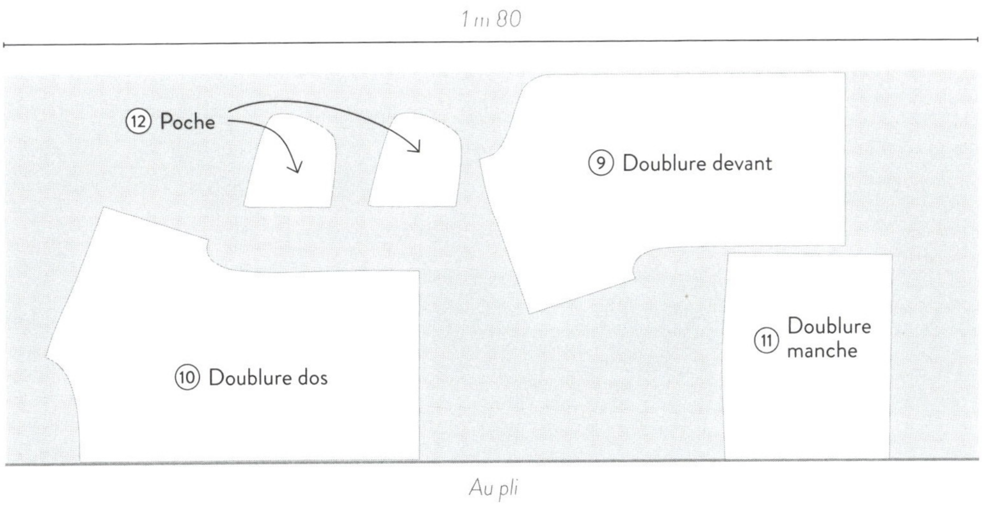

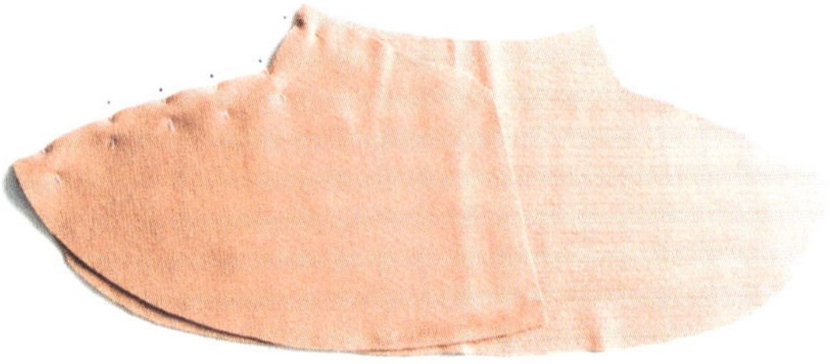

1 Assemblage du haut de la veste - Endroit sur endroit, posez les deux pièces n° 1, sur la pièce n° 2.

Épinglez sur les bords des épaules et cousez à 1 cm du bord. Crantez l'arrondi et repassez pour aplatir la couture.

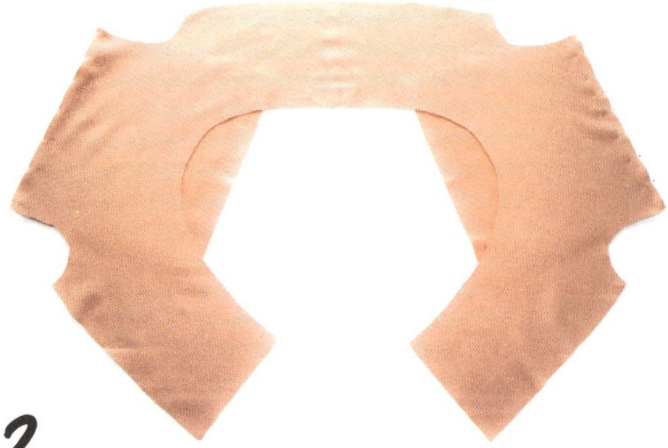

2 Assemblage des manches - Endroit sur endroit, posez les manches n° 4 sur la pièce centrale n° 3. Épinglez et cousez à 1 cm. Repassez pour aplatir la couture

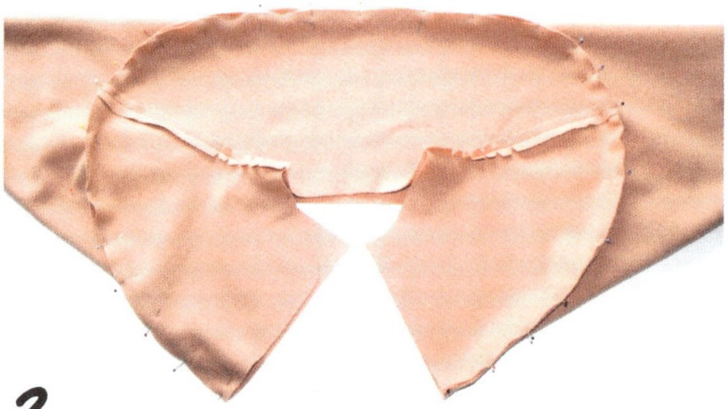

3 Assemblage du haut et du centre - Sur ce dernier ensemble, épinglez la partie haute de la veste (n° 1 + n° 2), endroit sur endroit. Commencez par les deux extrémités, les crans de montage et le centre (que l'on peut cranter préalablement pour le repérer) puis répartissez équitablement. Cousez à 1 cm, repassez et crantez les arrondis.

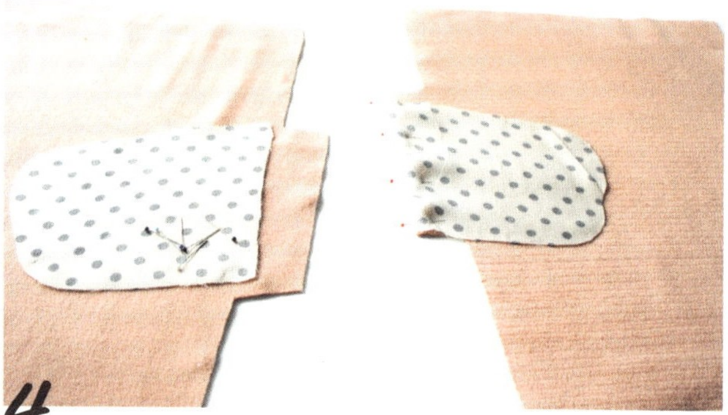

4 Assemblage des poches - Endroit sur endroit, posez deux des poches (n° 12) sur les deux devants bas (n° 5) au niveau du décroché, et les deux autres sur le bas du dos (n° 6) sur le décroché aussi. Piquez à 1 cm du bord.

5 Assemblage du bas de la veste - Toujours endroit sur endroit, sur la pièce centrale n° 3, épinglez les devants bas (n° 5), ainsi que les bas du dos (n° 6) aux endroits indiqués sur le patron. Cousez à 1 cm.

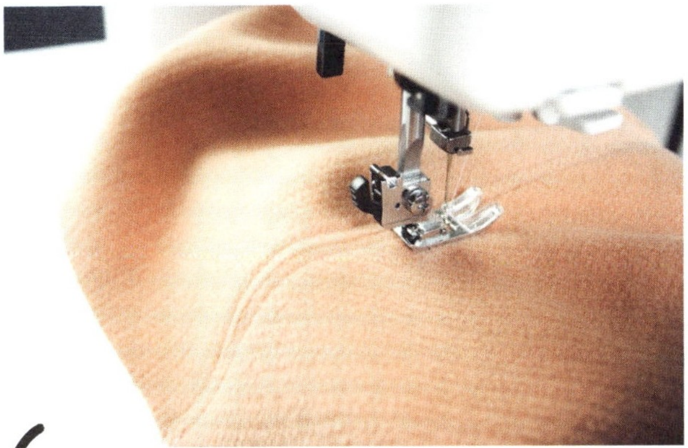

6 Votre veste prend forme, on repère maintenant les trois parties : haute, centrale et basse du « triptyque ».

Facultatif : Vous pouvez si vous le souhaitez surpiquer les coutures horizontales de chaque côté du « sillon » (pour les mettre en avant et pour aplatir les valeurs de couture).

7 Assemblage côté - Sur l'envers, pliez la veste en deux, épinglez les côtés et cousez à 1 cm du bord du poignet jusqu'au bas de la veste.

Crantez la partie arrondie (sous le bras) et aplatissez la couture au fer.

8 Assemblage parementure - Prenez les pièces de parementure du devant n° 7 et du col n° 8.

Coupez leurs semblables en thermocollant, 1 cm plus petites sur chaque bord. Posez le thermocollant sur le tissu et repassez pour fixer.

Endroit sur endroit, posez ces parementures n° 7 sur celle du col n° 8. Cousez les épaules à 1 cm du bord puis crantez.

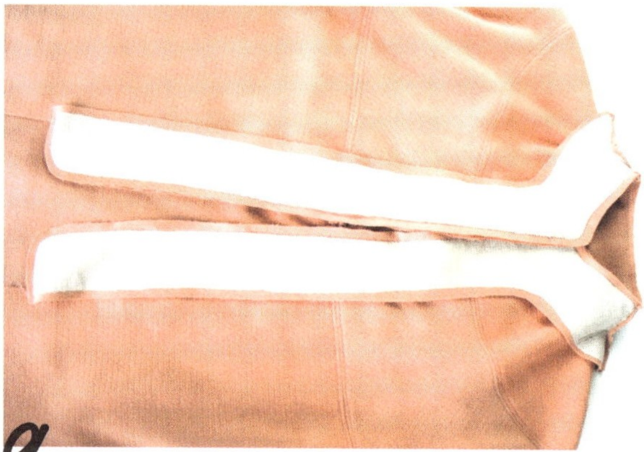

9 Assemblage parementure sur la veste - Posez ensuite cet ensemble sur la veste, endroit sur endroit. Piquez à 1 cm du bord, depuis le bas de la veste (arrondi) jusqu'à l'autre côté en passant par l'encolure.

Vous pourrez si vous le souhaitez sous-piquer la parementure à cette étape, ou surpiquer le pourtour du manteau lorsqu'il sera fini.

10 Préparation pour assembler la doublure - Pliez ensuite le bas de la veste et le bas de la manche, selon les repères indiqués sur le patron. Fixez ce pli en repassant fermement.

11 Pli d'aisance doublure - Prenez la doublure dos (n° 10) pour y former le pli d'aisance : pliez-la en deux (endroit sur endroit) et faites deux coutures dans le haut et le bas à 1,5 cm du pli central, sur quelques centimètres (voir les repères sur le patron). Ouvrez la doublure dos et repassez en formant un pli dans le prolongement de ces coutures.

12 Assemblage doublure - Posez dos et devant de la doublure (n° 9 et 10), endroit sur endroit. Épinglez les épaules et piquez à 1 cm du bord.

Repassez pour aplatir les coutures.

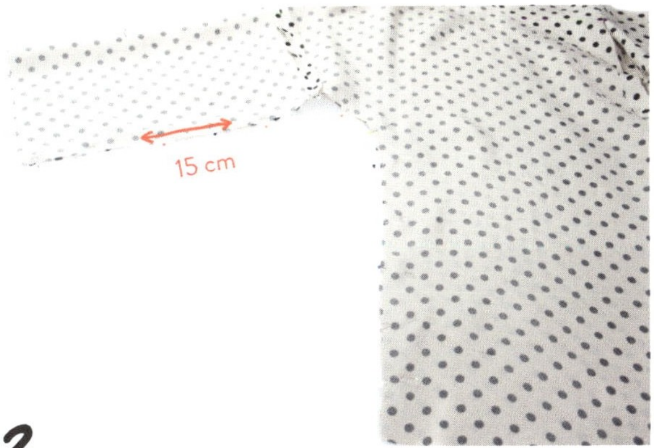

13 Positionnez les manches n° 11 sur le reste de la doublure, endroit sur endroit, en faisant coïncider le cran avec la couture épaule Cousez à 1 cm du bord et aplatissez les coutures au fer à repasser.

Couture des côtés - Sur l'envers, épinglez les côtés depuis les poignets jusqu'au bas de la doublure, en raccordant bien la couture sous les bras. Piquez à 1 cm.

Attention : laissez une ouverture d'une quinzaine de centimètre dans l'une des manches, utile pour retourner la veste ensuite !

Répétez sur le second côté. Repassez pour aplatir les coutures.

14 **Assemblage doublure et veste** - Posez ensuite la doublure sur al veste, endroit sur endroit. Épinglez et piquez à 1 cm, le bas sur toute la longueur.

Épinglez le pourtour restant afin de coudre ensemble doublure et veste. Formez un pli de 3 cm dans le bas de la veste.

Cousez à 1 cm (en fixant ainsi le pli).

15 **Assemblage des manches doublures et veste** - Veste sur l'endroit, glissez la main par l'ouverture laissée dans la manche, pincez les poignets, manche et doublure ensemble et sortez-les. Posez endroit sur endroit et cousez à 1 cm. Répétez avec la seconde manche de la même façon.

Remettez les manches en place. Repassez bien pour marquer les plis d'aisance dans le bas de la veste et aux poignets.

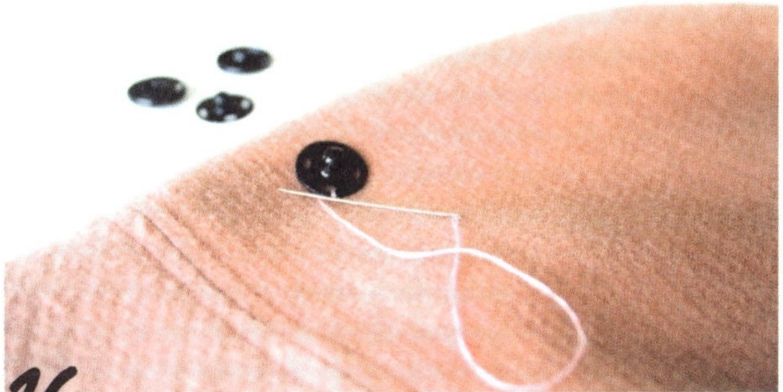

16 **Finition** - Remettez la veste sur l'envers (doublure et extérieur), plis d'aisance en place. Pour de plus jolies finitions, vous pouvez fixer la parementure par un point (invisible à la main) entre les valeurs de couture de la parementure et l'envers de la veste : dans le bas de la veste et aux poignets.

Remettez la veste sur l'endroit et refermez l'ouverture de la manche.

Sur le milieu devant de la veste, cousez boutons et boutonnières, ou des boutons-pressions, à hauteur des repères indiqués sur le patron.

Et voilà ! Votre manteau est prêt !

La veste tailleur Ginger

Cette élégante veste tailleur met en valeur les courbes féminines, elle souligne la taille tout en couvrant habillement les hanches. Sa découpe bretelle se pare d'un atypique empiècement en angle pour moderniser cet intemporel.

MATÉRIEL

- 1 m 80 de tissu en 1 m 40 de large
- 1 m 20 de doublure assortie
- 1 gros bouton
- Facultatif : 80 cm de thermocollant pour les parementures uniquement (si le tissu est assez rigide)
- ou 1 m 80 pour la totalité des pièces (hors doublure) si le tissu est très fin.

TISSUS CONSEILLÉS

- Un tissu moyennement souple (autour de 200-250 g/m^2) : lainage fin, tweed, tartan, crêpe, piqué, gabardine fine, sergé, velours milleraies, jean...

PIÈCES DU PATRON

Patron tracé en noir et en rouge / planche A Les Patronnes. Le tissu est plié en deux.

Pièce	*Coupe*	*Marges de couture incluses*
(1) Devant	× 2	1 cm tout autour
(2) Devant poitrine	× 2	1 cm tout autour sauf au pli
(3) Devant côté	× 2	1 cm tout autour
(4) Milieu dos	× 2	1 cm tout autour
(5) Dos côté	× 2	1 cm tout autour
(6) Bas du dos	× 1 au pli	1 cm tout autour sauf au pli
(7) Manche	× 2	1 cm tout autour
(8) Parmenture milieu devant	× 2 tissu + thermocollant (facultatif)	1 cm tout autour
(9) Doublure devant	× 2 doublure	1 cm tout autour
(10) Parmenture bas devant	× 2 tissu + thermocollant (facultatif)	1 cm tout autour
(11) Doublure dos	× 2 doublure	1 cm tout autour
(12) Parmenture col	× 1 au pli + thermocollant (facultatif)	1 cm tout autour sauf au pli
(13) Parmenture bas du dos	× 1 au pli + thermocollant (facultatif)	1 cm tout autour sauf au pli
(14) Doublure manche	× 2 doublure	1 cm tout autour
(15) Parmenture poignet	× 2 + thermocollant (facultatif)	1 cm tout autour sauf au pli

PLAN DE COUPE

Tissu principal

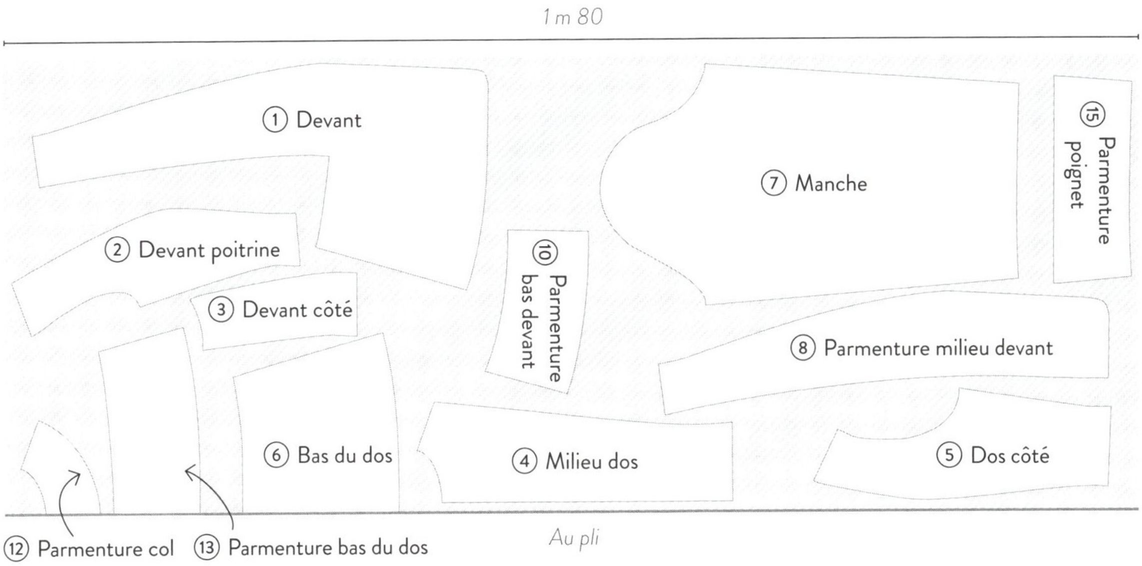

Doublure

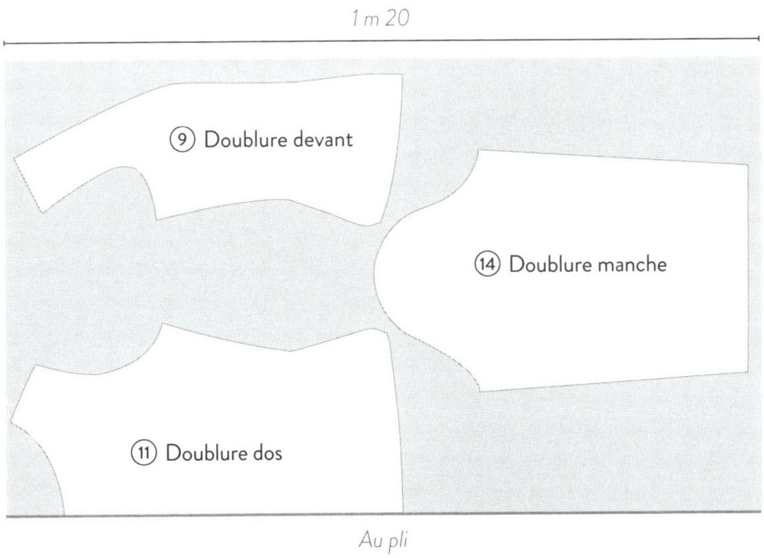

PRÉPARATION

▸ Repassez le tissu (de préférence lavé) et pliez-le en deux, dans le sens du droit-fil (parallèle à la lisière).

▸ Découpez ou décalquez le patron papier à la taille souhaitée.

▸ Posez le patron papier sur le tissu, en posant la marque « sur le pli » bord à bord avec la pliure du tissu et les marques «droit-fil» parallèles à la lisière et épinglez le patron avec le tissu (voir plans de coupe). Faites de même avec la doublure.

▸ Coupez le tissu au ras du patron (valeurs de couture de 1 cm incluses).

▸ Facultatif : De la même façon coupez le thermocollant 1 cm plus petit sur les bords pour les pièces : n° 8, 10, 12, 13, 15 pour les tissus suffisamment épais, ou toutes les pièces (excepté la doublure) pour les tissus très fins.

▸ Posez-les sur les pièces associées et fixez-les au fer.

1 MONTAGE DE LA VESTE EXTÉRIEURE

Assemblage du dos - Endroit sur endroit, posez les deux milieux dos (n° 4) et cousez à 1 cm du bord le milieu.

Ici, puis après chaque couture pour cette veste, repassez les coutures ouvertes pour bien les aplatir.

Posez les dos côté (n° 5) sur les milieux dos (n° 4), de chaque côté, endroit sur endroit et cousez à 1 cm du bord.

2 Posez, endroit sur endroit, le bas du dos n° 6 sur cet ensemble. Cousez à 1 cm.

3 **Assemblage du devant -** Posez les devants poitrine (n° 2) sur les devants côté (n° 3), endroit sur endroit et cousez à 1 cm du bord.

Repassez pour aplatir les coutures.

4 Posez cet ensemble sur le devant (n° 1), en faisant coïncider les crans de montage, et cousez sur le grand bord de l'angle. Prolongez la couture de 1 cm, après l'angle.

5 Crantez en diagonale dans l'angle, jusqu'à la fin de la couture sur le devant (n° 1), et dégarnir l'angle sur le devant poitrine (n° 2).

Faites pivoter le tissu pour reprendre la couture exactement là où elle s'est arrêtée et cousez sur l'autre bord de l'angle, toujours à 1 cm du bord.

À noter : si vous voulez une veste parfaitement ajustée à votre taille, vous pouvez essayer la veste à cette étape (en épinglant les côtés) pour ajuster ou lâcher les coutures, selon vos mensurations.

6 **Couture des épaules et manches** - Posez dos et devant, endroit sur endroit. Épinglez les épaules et piquez à 1 cm du bord.

Prenez les manches (n° 7) et passez deux fils de fronces à 0,5 cm et à 1,5 cm, entre les crans devant et dos.

Positionnez les manches sur le corps de la veste, endroit sur endroit en faisant coïncider les crans devant (avec la couture devant des pièces n° 2 + 3), épaule (avec la couture devant des pièces n° 3 + 5) et dos. Si besoin, ajustez les fronces pour faire correspondre les crans.

Cousez à 1 cm du bord puis enlevez les fils de fronces.

7 **Couture des côtés** - Sur l'envers, épinglez les côtés des poignets jusqu'au bas de la veste, en raccordant bien la couture sous les bras. Piquez à 1 cm.

Répétez sur le second côté.

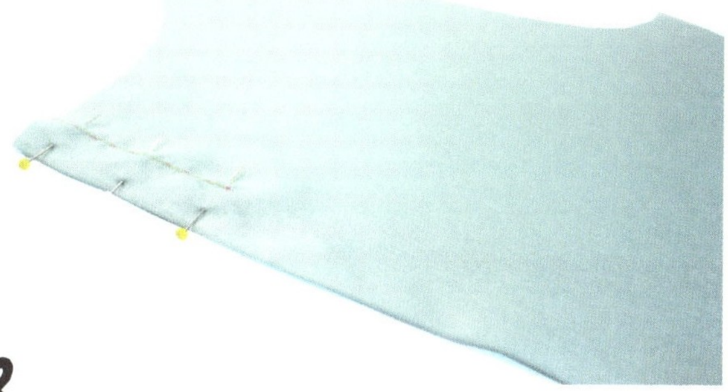

8 MONTAGE DE LA DOUBLURE

Assemblage du dos - Sur la doublure dos (n° 11), préparez les plis d'aisance : cousez sur les repères « pli d'aisance », dans le haut et le bas du dos. Puis repassez pour former un pli.

9 Endroit sur endroit, posez la parementure du col sur le haut du dos. Cela fait un « ∩ » sur un « U » : pour faire concorder les deux, épinglez à partir du milieu et les deux extrémités, puis répartissez équitablement entre les deux.

Cousez puis crantez et repassez pour aplatir la couture.

10 Endroit sur endroit, posez la parementure du bas du dos, dans le bas, épinglez et piquez.

11 **Assemblage du devant** - Prenez la doublure devant (n° 9) et posez la parementure du bas (n° 10), endroit sur endroit, en raccordant les crans de montage. Piquez à 1 cm.

Préparez un pli d'aisance dans le bas à 1,5cm, repassez pour marquer le pli.

12 Endroit sur endroit, posez la parementure milieu devant sur le devant en faisant coïncider les crans de montages et en formant le pli d'aisance. Piquez sur la longueur à 1 cm.

13 **Montage des manches et du côté** - Posez la parementure poignet sur la doublure manche, endroit sur endroit. Piquez à 1 cm.

Assemblez dos et devant par les épaules, montez les manches, puis les côtés de la même façon que pour la veste extérieure.

Laissez cependant une ouverture de 20 cm environ, dans la couture sur l'une des deux manches afin de retourner ensuite la veste sur l'endroit.

14 ASSEMBLAGE DE LA VESTE AVEC SA DOUBLURE

Assemblage du pourtour - Superposez la veste et sa doublure, endroit sur endroit. Cousez-les ensemble à 1 cm, sur tout le pourtour de la veste : de l'encolure au milieu devant, en passant par le bas de la veste. Crantez les courbes et dégarnissez les valeurs de couture.

Retournez la veste sur l'endroit par l'ouverture de la manche.

Repassez pour marquer les plis d'aisance de 1,5 cm dans le bas de la veste.

15 **Assemblage des manches** - Veste sur l'endroit, glissez la main, par l'ouverture laissée dans la manche et sortez les poignets, manche et doublure. Posez endroit sur endroit et cousez à 1 cm. Répétez avec la seconde manche de la même façon.

Remettez les manches en place.

16 **Finitions sur la doublure** - Remettez la veste sur l'envers (doublure et extérieur), pli d'aisance en place, cousez à la main les valeurs de couture de la parementure avec l'extérieur de la veste au point invisible : dans le bas et au poignet.

Sous les bras, cousez quelques points lâches entre les marges de couture de la veste et de la doublure pour les fixer entre elles.

Remettez la veste sur l'endroit, puis refermez l'ouverture de la manche, avec un point invisible à la main.

Enfin, sur le milieu devant de la veste, vous pouvez, si vous le souhaitez, coudre un bouton et une boutonnière ou une agrafe ou un bouton-pression, au repère indiqué.

Julie Kansara

Créatrice du blog et de la marque de patrons de couture Damn Good Caramel, Julie est une autodidacte touche-à-tout.

Elle imagine, crée, coud, reprise pour vous proposer des créations propres à vous suivre tout au long de vos journées dont la mobilité nécessite la praticité et le confort. Avec un style mixte et urbain, ses modèles ne manqueront pas de vous séduire et d'ajouter une touche d'originalité colorée à votre garde-robe.

www.damngoodcaramel.com

Les vestes de Julie Kansara

La veste Teddy Scarlett

Basique chargé de sens et d'histoire, le Teddy se joue des codes *sportswear*. Traditionnellement composé de lainage et de cuir, il a été revisité par Julie avec du simili cuir et du velours côtelé pour un jeu de matière affirmant un style casual chic idéal pour la mi-saison. Il se portera très facilement avec un jean ou un chino, selon les occasions et vos envies.

MATÉRIEL

- 1 m 30 de velours côtelé en 1 m 40 de large
- 80 cm de simili cuir en 1 m 40 de large
- 1 paire de poignets en bord-côte
- 2 bas de blouson en bord-côte
- 80 cm d'entoilage thermocollant en 90 cm de large
- 7 boutons de 17 mm de diamètre

PIÈCES DU PATRON

Patron tracé en jaune / planche C Julie Kansara. Le tissu est plié en deux.

Pièce	Coupe	Marges de couture incluses
① Devant	× 2	1,5 cm tout autour
② Dos	× 1 au pli	1,5 cm tout autour
③ Manche	× 2	1,5 cm tout autour
④ Parementure devant	× 2 + × 2 thermocollant	1,5 cm tout autour
⑤ Parementure dos	× 1 au pli × 1 thermocollant	1,5 cm tout autour
⑥ Poche	× 4	1,5 cm tout autour
⑦ Passepoil	× 2	1,5 cm tout autour
⑧ Col	× 1 au pli bord-côte	1,5 cm tout autour
⑨ Ceinture	-	-
⑩ Poignet	-	-

PRÉPARATION

- Entoilez les parementures devant et dos.

PLAN DE COUPE

Velours côtelé

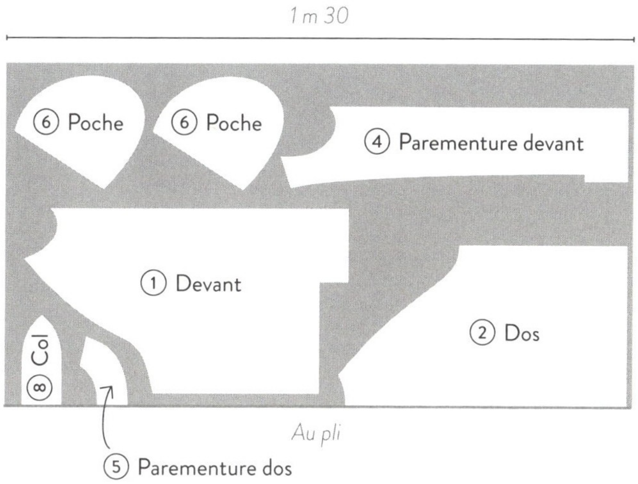

Simili cuir

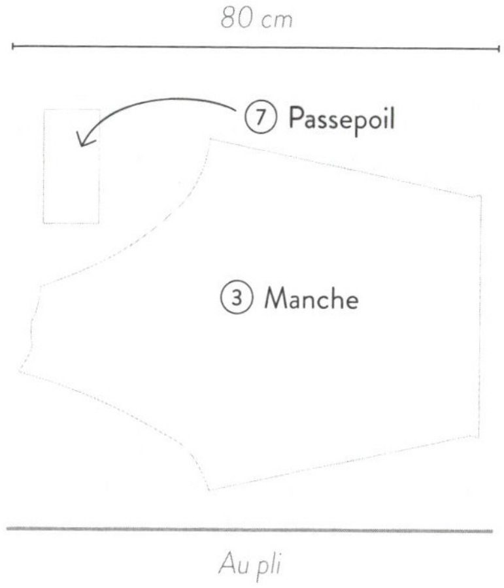

Entoilage

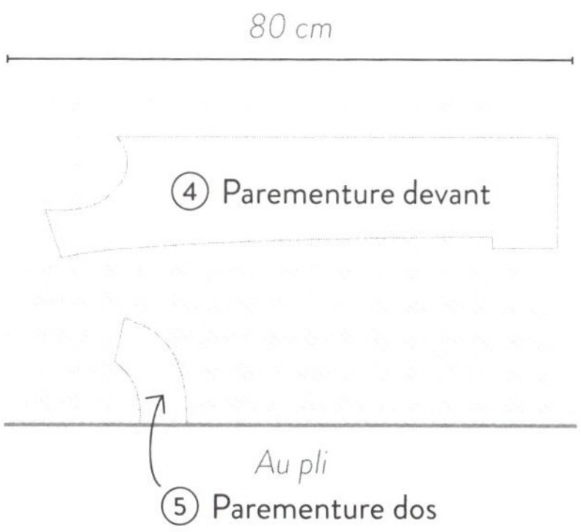

Attention :
Lorsque vous épinglez les pièces en simili cuir, faites-le sur les marges de couture car les perforations ne se referment pas. Lorsque vous utilisez le fer à repasser, placez un linge propre et sec entre la semelle du fer et l'ouvrage.

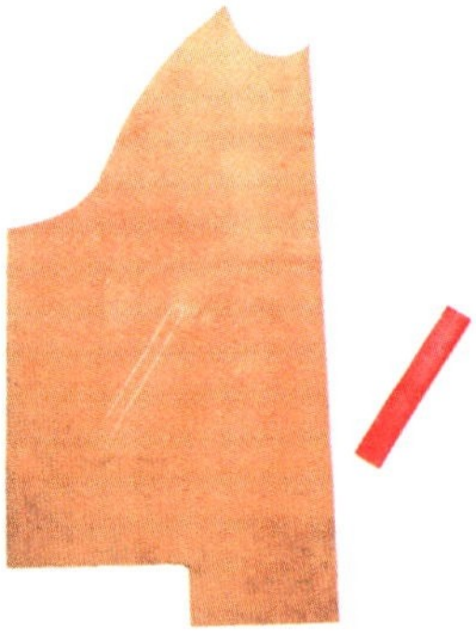

1 Pliez en deux les passepoils selon le repère du patron et marquez le pli au fer. Épinglez-les sur les devants en positionnant les bords ouverts sur le long bord supérieur des rectangles d'ouverture de poche, pli vers le bas. Les extrémités dépassent de 1,5 cm (valeur de couture).

2 Retracez le rectangle d'ouverture de poche sur les passepoils. Piquez sur le bord inférieur du rectangle.

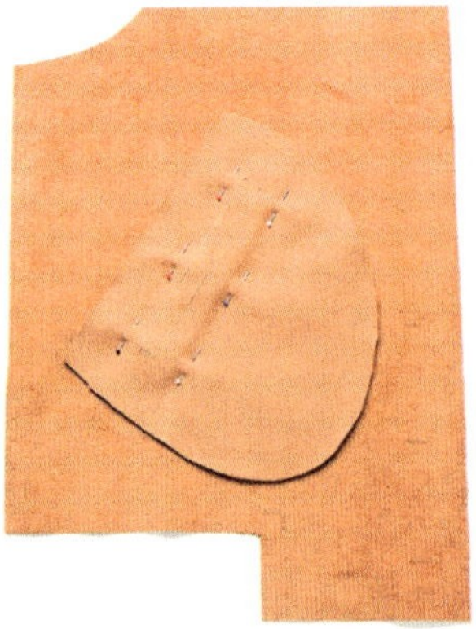

3 Épinglez une pièce poche, endroit contre endroit, sur chaque devant, en faisant coïncider les rectangles d'ouverture de poche.

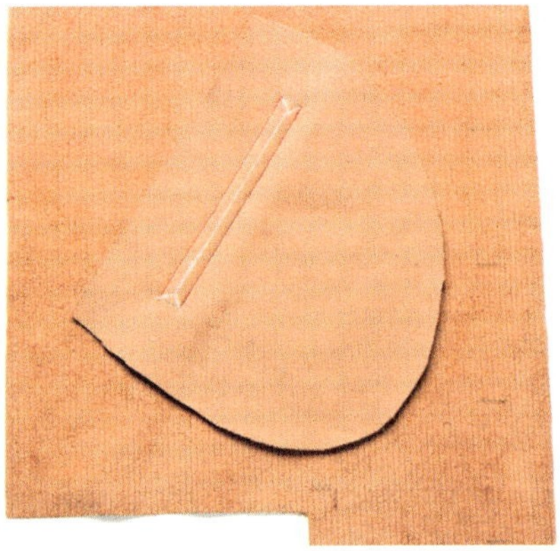

4 Piquez sur les longs bords des rectangles. Fendez l'intérieur sur les pièces poches et pièces devants, sans toucher aux passepoils.

5 Faites passer les poches et les passepoils par l'ouverture vers l'envers. Tirez sur les extrémités des passepoils entre les deux lignes de couture pour les mettre bien en place. Repassez soigneusement.

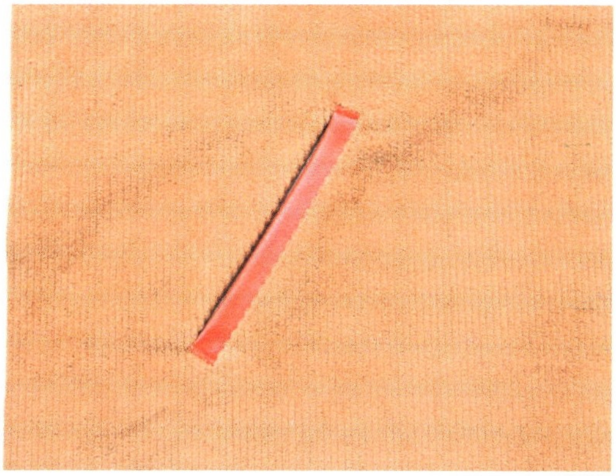

6 Faites un point zigzag serré sur les extrémités des passepoils.

7 Épinglez, endroit contre endroit, les poches restantes sur les poches déjà montées. Piquez les pourtours à 1,5 cm du bord. Surfilez les marges.

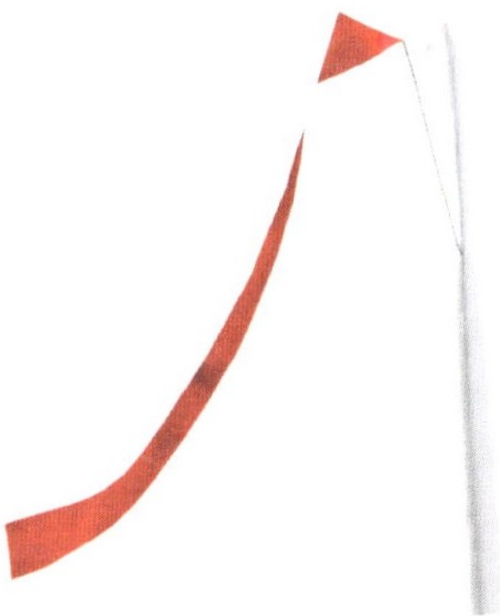

8 Pliez les manches en deux, endroit contre endroit, de façon à faire correspondre les repères des pinces d'épaule. Épinglez puis piquez sur le tracé. Couchez les pinces au fer vers le côté dos des manches.

9 Épinglez les manches au dos, endroit contre endroit, en faisant correspondre les repères de montage. Piquez à 1,5 cm du bord. Réduisez les marges de couture à 7 mm puis surfilez-les. Couchez-les au fer vers le dos. Faites de même pour assembler les devants aux manches.

10 Épinglez les dessous de manche ainsi que les côtés de la veste, endroit contre endroit. Piquez à 1,5 cm du bord. Surfilez les marges de couture puis couchez-les au fer de part et d'autre de la couture.

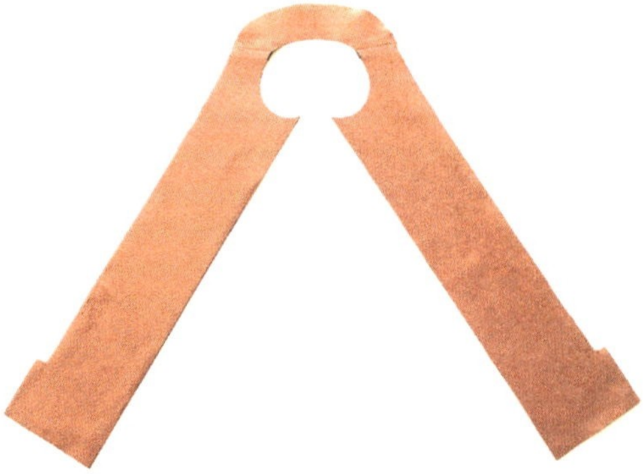

11 Épinglez les parementures devant sur la parementure dos, endroit contre endroit, au niveau des coutures d'épaule. Piquez à 1,5 cm du bord. Couchez les marges de couture au fer, de part et d'autre de la couture. Surfilez les bords externes.

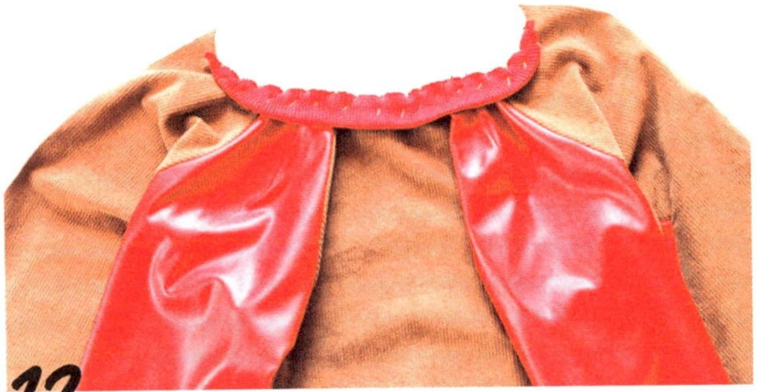

12 Pliez le col selon le repère de pliure. Épinglez les bords francs ensemble sur l'encolure de la veste, entre les repères milieu des devants, endroit contre endroit, en étirant légèrement. Piquez à 1,5 cm du bord.

13 Posez la parementure sur la veste, endroit contre endroit. Épinglez les bords d'encolure, les bords milieux des devants ainsi que les bords inférieurs de la veste. Piquez à 1,5 cm du bord. Crantez les marges de couture aux angles et réduisez-les à 7 mm à l'encolure. Retournez sur l'endroit, faites ressortir le col, puis repassez soigneusement.

14 Épinglez les poignets, endroit contre endroit, sur les manches, bords francs des poignets sur le bord inférieur des manches en étirant pour les faire correspondre. Piquez à 1,5 cm du bord. Surfilez.

15 Dépliez la ceinture. Sur un des grands bords, marquez les coins pour faire apparaître les lignes de couture dans les angles (à 1,5 cm des bords). Épinglez ce grand bord de ceinture sur le bord inférieur de la veste, endroit contre endroit, en l'étirant légèrement. Faites coïncider les coins que vous venez de marquer avec ceux des devants. Piquez d'un coin à l'autre à 1,5 cm du bord. Fendez soigneusement dans les angles les marges de couture des devants jusqu'au bord de la couture. Repassez les marges de couture vers le haut.

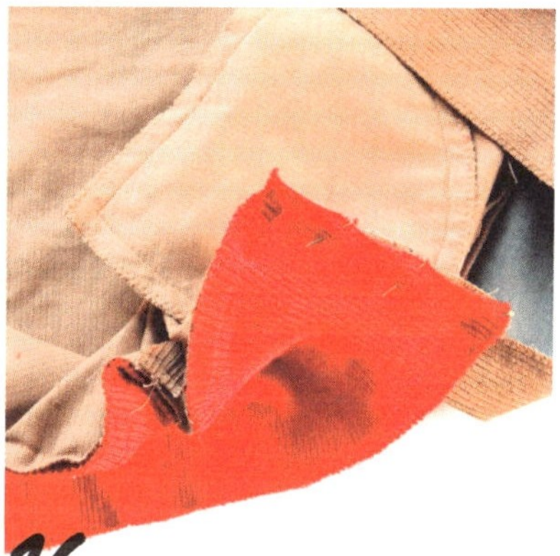

16 Faites pivoter la ceinture de façon à poser une de ses extrémités sur le bord court d'un devant et de sa parementure, au niveau du décroché. Piquez à 1,5 cm du bord en vous arrêtant au niveau du repère côté parementure. Répétez ces opérations pour l'autre côté. Repliez la ceinture selon la pliure et repassez les marges de couture des extrémités vers les parementures.

17 Épinglez le long bord libre sur les marges de couture du bord inférieur de la veste et de l'autre long bord de la ceinture. Piquez-les ensemble sur la couture précédente. Surfilez les marges de couture ensemble. Repassez soigneusement.

Le petit plus : vous pouvez coudre à la main avec un point invisible les parementures sur le corps de la veste afin qu'elles restent bien en place.

18 Réalisez les boutonnières au niveau des repères du patron sur le devant gauche (sur la photo).
Voir Coudre une boutonnière à la machine, page 90.

Sur le devant droit (sur la photo), cousez les boutons.

Le manteau Artémis

Cette veste chevrons tricolore en drap de laine vous protégera des frimas de fin d'année avec son col montant. Sa coupe, courte, allongera votre silhouette. Avec des bottines à talons, vous aurez une allure hivernale assurée.

MATÉRIEL

- 80 cm de drap de laine, cinnabar, en 1 m 40 de large
- 80 cm de drap de laine, gingerbread, en 1 m 40 de large
- 80 cm de drap de laine, bleu peacoat, en 1 m 40 de large
- 1 m 40 de doublure en 1 m 40 de large
- 90 cm d'entoilage thermocollant en 90 cm de large
- 5 boutons de 37 mm de diamètre

PIÈCES DU PATRON

Patron tracé en violet / planche C Julie Kansara. Le tissu est plié en deux.

Pièce	Coupe	Marges de couture incluses
(1) Devant 1	× 2	1,5 cm tout autour
(2) Devant 2	× 2	1,5 cm tout autour
(3) Devant 3	× 2	1,5 cm tout autour, 4 cm à l'ourlet
(4) Dos 1	× 1 au pli	1,5 cm tout autour sauf au pli
(5) Dos 2	× 1 au pli	1,5 cm tout autour sauf au pli
(6) Dos 3	× 1 au pli	1,5 cm tout autour sauf au pli, 4 cm à l'ourlet
(7) Manche 1	× 2	1,5 cm tout autour
(8) Manche 2	× 2	1,5 cm tout autour
(9) Manche 3	× 2	1,5 cm tout autour, 4 cm à l'ourlet
(10) Devant intérieur	× 2 doublure	1,5 cm tout autour et 4 cm à l'ourlet de la parementure, 1,5 cm sur les bords latéraux
(11) Dos intérieur	× 2 doublure	1,5 cm tout autour
(12) Manche intérieure	× 2 doublure	1,5 cm tout autour
(13) Col	× 2 au pli + thermocollant	1,5 cm tout autour
(14) Parementure devant	× 2 + thermocollant	1,5 cm tout autour, 4 cm à l'ourlet
(15) Parementure dos	× 1 au pli + thermocollant	1,5 cm tout autour

PRÉPARATION

- Entoilez un des deux cols ainsi que les parementures devant et dos.

PLAN DE COUPE

Drap de laine cinnabar

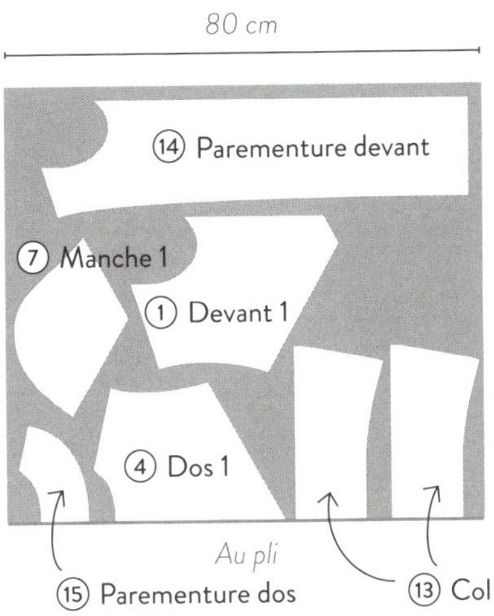

Drap de laine gingerbread

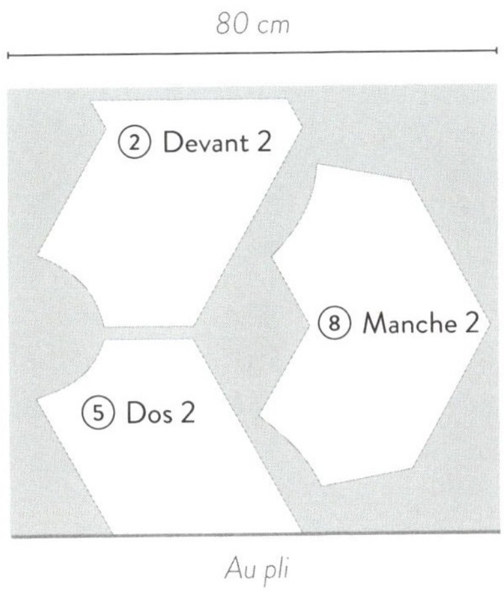

Drap de laine bleu peacoat

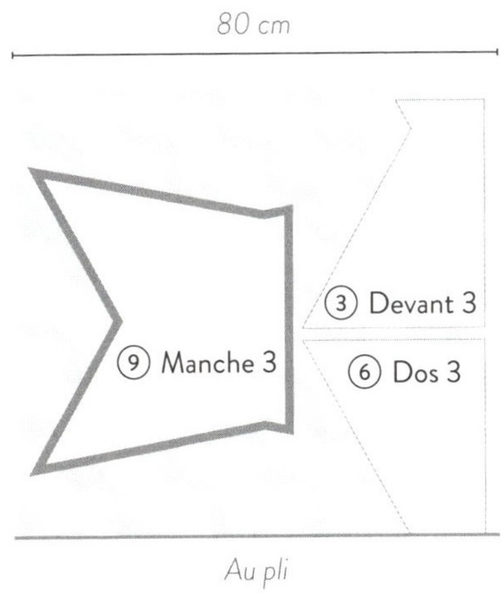

Doublure

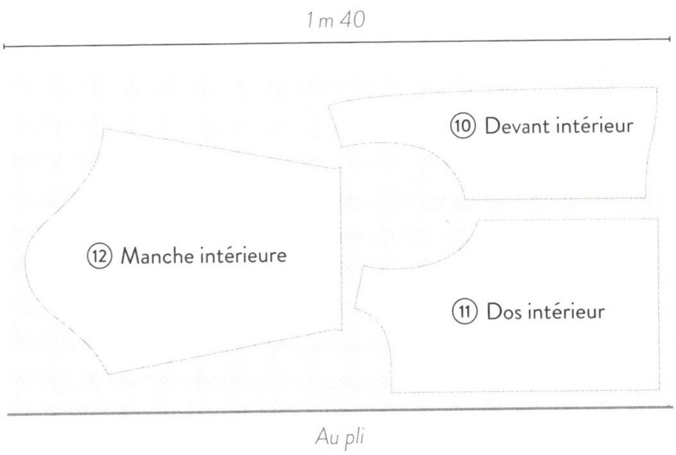

Entoilage

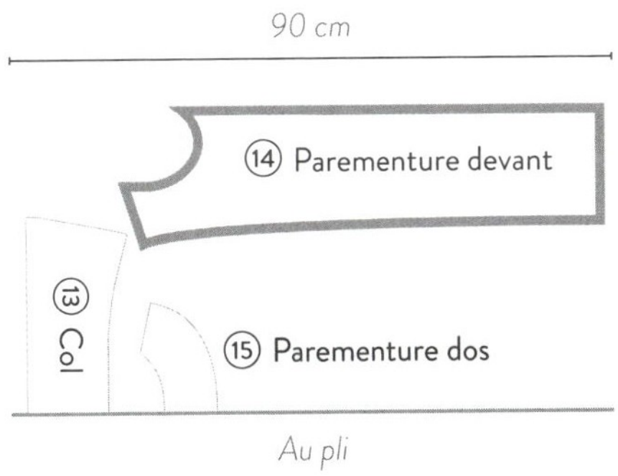

1 Tracez sur l'envers les lignes de couture en V (à 1,5 cm du bord) qui serviront à assembler les 3 pièces qui composent les devants.

2 Vous piquerez chaque pointe en deux temps. Commencez par les devants gauches. Épinglez le long bord inférieur du devant 1 sur le long bord supérieur du devant 2, endroit contre endroit, jusqu'à la pointe. Piquez sur le tracé en vous arrêtant avec précision sur la pointe sans oublier de faire un point d'arrêt. Fendez la marge de couture des devants 2 dans l'angle jusqu'à la couture.

3 Dans un second temps, faites pivoter le bord court du devant 2 pour l'épingler sur le bord court du devant 1. Piquez en vous arrêtant avec précision sur la pointe avec un point d'arrêt. Crantez la marge de couture du devant 1 puis couchez les marges de couture au fer, de part et d'autre de la couture.

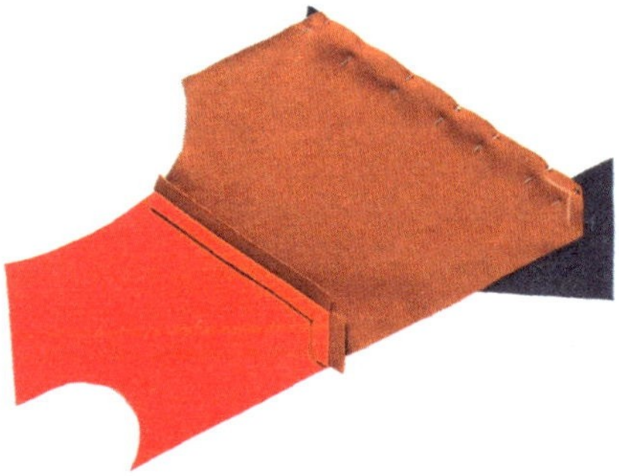

4 De la même façon, assemblez le bord inférieur du devant 2 avec le bord supérieur du devant 3. Répétez ces opérations pour assembler les pièces du devant gauche, puis les pièces du dos, et enfin les pièces des manches.

5 Épinglez les devants sur le dos, endroit contre endroit, au niveau des coutures d'épaule. Piquez à 1,5 cm du bord. Couchez les marges de couture au fer, de part et d'autre de la couture.

6 Épinglez les têtes de manche sur les emmanchures, endroit contre endroit, en faisant coïncider les raccords des empiècements. Piquez à 1,5 cm du bord. Couchez les marges de couture au fer vers les manches.

7 Épinglez les dessous de manches ainsi que les côtés de la veste, endroit contre endroit, en faisant coïncider les raccords d'empiècements. Piquez à 1,5 cm du bord. Couchez les marges de couture au fer, de part et d'autre de la couture.

8 Épinglez les cols, endroit contre endroit. Piquez les bords latéraux et supérieur à 1,5 cm du bord. Crantez les marges de couture aux angles. Retournez sur l'endroit. Repassez.

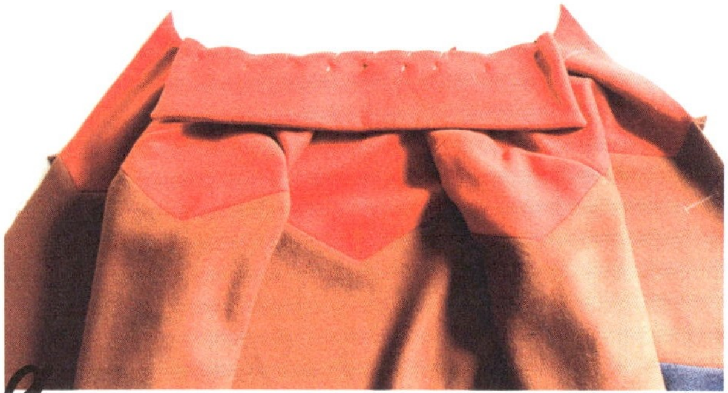

9 Épinglez le col sur l'encolure en respectant les repères du patron. Piquez à 1,5 cm du bord.

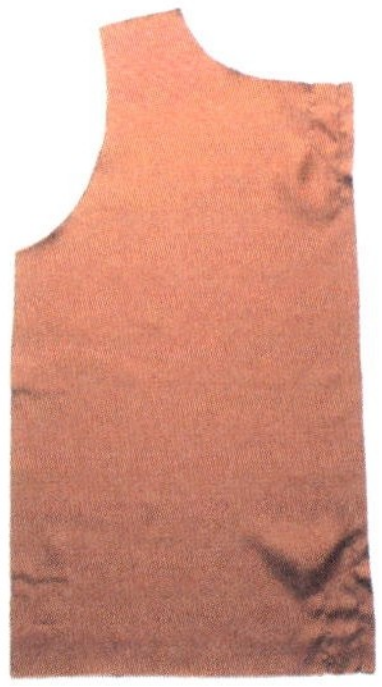

10 Épinglez les dos en doublure, endroit contre endroit. Piquez la couture milieu dos à 1,5 cm du bord en laissant au milieu une ouverture d'environ 30 cm qui vous permettra de retourner la veste à la fin. Formez les soufflets milieu dos en piquant selon le tracé du patron. Couchez les soufflets vers un côté et marquez le pli au fer sur toute la longueur du milieu dos.

11 Épinglez les devants en doublure sur le dos en doublure, endroit contre endroit, au niveau des coutures d'épaule. Piquez à 1,5 cm du bord. Couchez les marges de couture au fer, de part et d'autre de la couture.

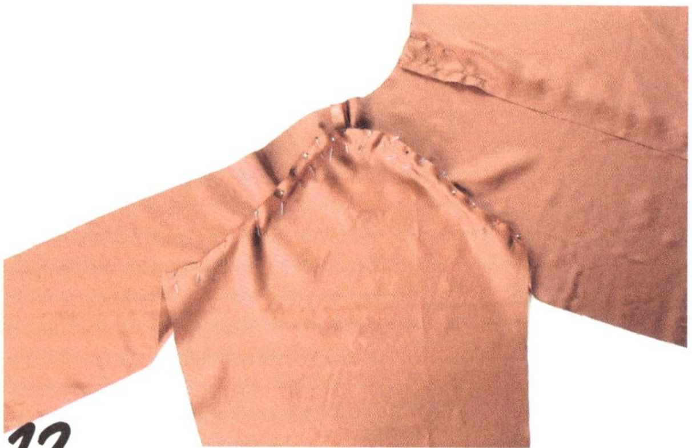

12 Épinglez les têtes des manches en doublure sur les emmanchures de la doublure, endroit contre endroit, en faisant coïncider les repères du patron. Piquez à 1,5 cm du bord. Couchez les marges de couture au fer vers les manches.

13 Épinglez les dessous de manches ainsi que les côtés de la doublure, endroit contre endroit. Piquez à 1,5 cm du bord. Couchez les marges de couture au fer, de part et d'autre de la couture.

14 Épinglez les parementures devant sur la parementure dos, endroit contre endroit, au niveau des coutures d'épaule. Piquez à 1,5 cm du bord. Couchez les marges de couture au fer, de part et d'autre de la couture.

15 Épinglez la parementure avec la doublure, endroit contre endroit, en faisant correspondre les coutures d'épaule. Piquez à 1,5 cm du bord. Crantez les marges de couture au niveau des courbes. Couchez-les au fer vers la doublure. Assemblez la veste et la doublure.

Voir Assembler une veste et sa doublure, page 91.

16 Exécutez les boutonnières sur le devant gauche (sur la photo), selon les repères du patron.

Voir Coudre une boutonnière à la machine, page 90.

Sur le devant droit (sur la photo), cousez les boutons.

Anna rose patterns

Maud, la créatrice des patrons Anna Rose patterns, est née avec la fibre créative et artistique. Enfant, elle a touché à presque tous les travaux d'aiguille et passait des heures à dessiner.

Chez Anna Rose patterns, l'ambition première est de concevoir des patrons permettant aux femmes de se sentir belles dans les vêtements qu'elles créent. Maud vous propose ainsi deux créations graphiques aux couleurs automnales, dotées de nombreux détails qui sauront mettre votre silhouette en valeur.

www.annarosepatterns.com

Les vestes d'Anna rose patterns

PAN

La veste Sylvia

Sylvia est une veste saharienne légèrement cintrée pour plus de féminité. Son col officier lui donne de l'allure. Elle possède de jolis détails, comme des poches à soufflet ou encore des poignets boutonnés avec fente indéchirable. Je vous propose de belles finitions pour cette veste sans doublure.

MATÉRIEL

- 2 m 20 de tissu en 1 m 40 de large
- 4 m de biais
- 13 boutons de 1,5 cm de diamètre

TISSUS CONSEILLÉS

- Pour Sylvia, choisissez des tissus ayant de la tenue sans être trop épais. La gabardine, le sergé de coton, le denim ou le velours moyen seront particulièrement adaptés.

PIÈCES DU PATRON

Patron tracé en bleu / planche D Anna Rose Patterns. Le tissu est plié en deux.

Pièce	*Coupe*	*Marges de couture incluses*
(1) Devant milieu	× 2	1 cm tout autour - ourlet 2 cm
(2) Devant latéral	× 2	1 cm tout autour - ourlet 2 cm
(3) Empiècement haut devant	× 2	1 cm tout autour
(4) Dos milieu	× 1 au pli	1 cm tout autour sauf au pli - ourlet 2 cm
(5) Dos latéral	× 2	1 cm tout autour - ourlet 2 cm
(6) Empiècement haut dos	× 1 au pli	1 cm tout autour sauf au pli
(7) Patte de boutonnage	× 2	1 cm tout autour - ourlet 2 cm
(8) Manche	× 2	1 cm tout autour
(9) Parementure devant	× 2	1 cm tout autour, sauf sur les bords extérieurs
(10) Parementure dos	× 1 au pli	1 cm tout autour, sauf sur le pli et bords extérieurs
(11) Poche à soufflet	× 2	1 cm tout autour - 1,5 cm sur le bord supérieur
(12) Soufflet	× 2	1 cm sur les longs côtés - 1,5 cm sur les petits côtés
(13) Rabat poche à soufflet	× 4	1 cm tout autour
(14) Rabat fausse poche	× 4	1 cm tout autour
(15) Col	× 2 au pli	1 cm tout autour sauf au pli
(16) Poignet	× 4	1 cm tout autour sauf au pli

PLAN DE COUPE

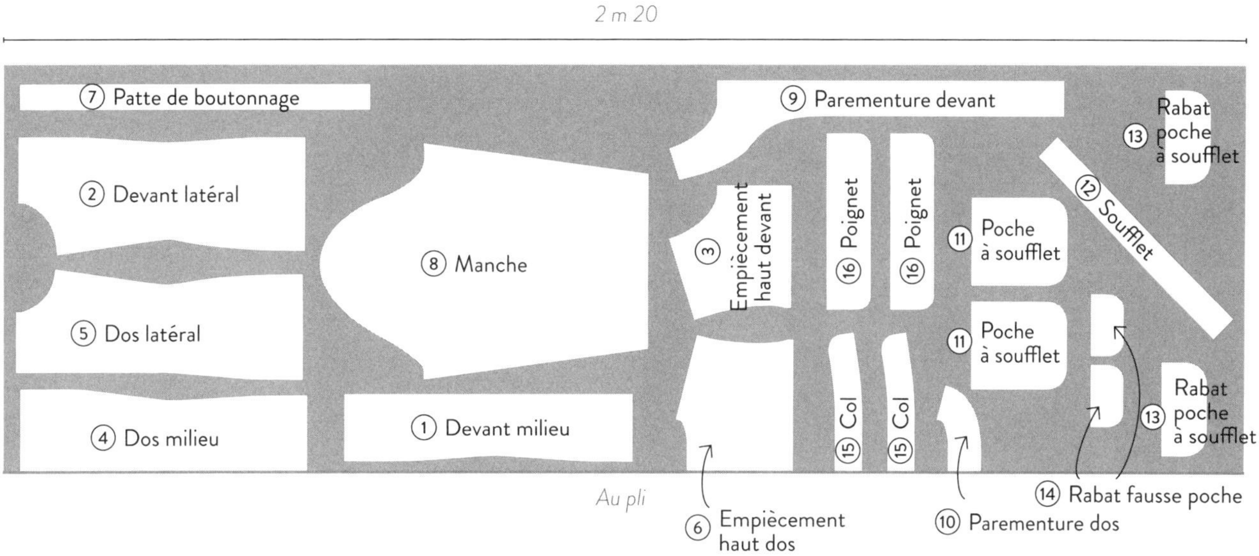

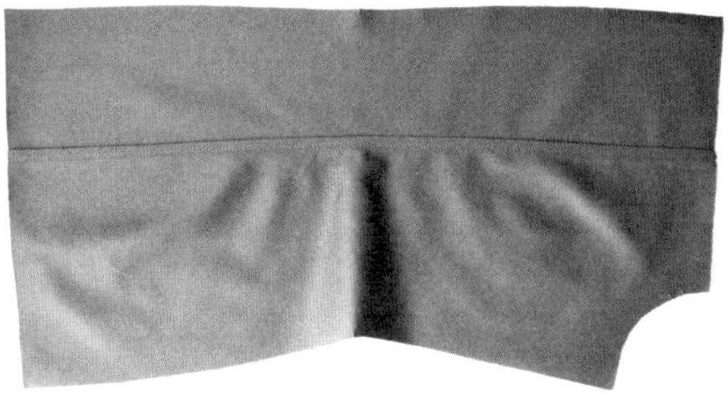

1 Assemblez, endroit contre endroit, les devants latéraux avec les devants milieu correspondants. Faites de même avec les dos latéraux et le dos milieu. Surfilez les marges de couture ensemble, repassez-les vers le côté pour les devants et vers le milieu pour le dos. Surpiquez les marges de couture sur les pièces, à 7 à 8 mm des coutures.

2 Préparez le rabat des fausses poches. Pour cela, assemblez deux pièces de rabat, endroit contre endroit, et piquez tout le tour, sauf le bord supérieur. Réduisez et crantez les marges de couture. Retournez et repassez minutieusement.

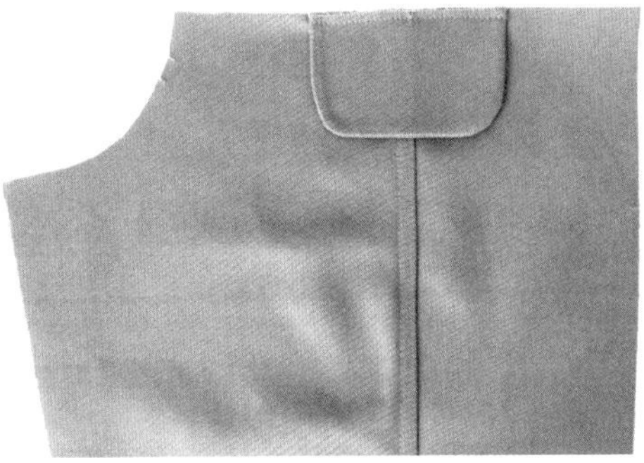

3 Cousez les rabats préparés à l'étape précédente sur les devants (endroit), à 0,5 cm du bord. Le centre du rabat correspond à la couture sur le devant.

4 Assemblez, endroit contre endroit, les empiècements haut devant sur les devants préparés précédemment. Faites de même pour le dos. Surfilez les marges de coutures ensemble et les repassez vers le haut. Surpiquez les marges de couture sur les empiècements à 7 à 8 mm des coutures.

Préparez et assemblez les poches à soufflet.
Voir La poche à soufflet, page 94.

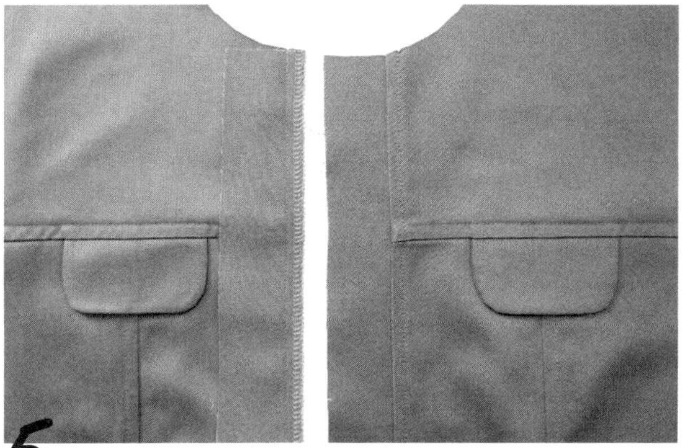

5 Assemblez une patte de boutonnage sur chaque devant, endroit contre endroit. Surfilez les marges de couture ensemble et repassez-les vers les côtés. Surpiquez les marges de couture sur le corps de la veste à 7 à 8 mm de la couture.

6 Surfilez les épaules devant et dos et assemblez-les, endroit contre endroit. Ouvrez les coutures au fer.

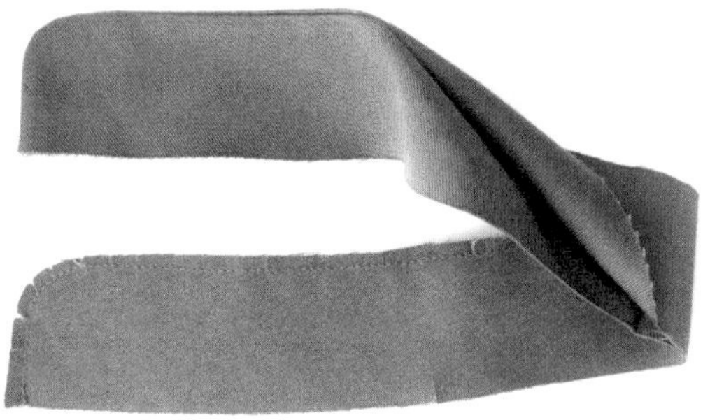

7 Assemblez les deux pièces de col, endroit contre endroit. Cousez tout autour, sauf le bord inférieur. Réduisez et crantez les marges de couture. Retournez et repassez minutieusement.

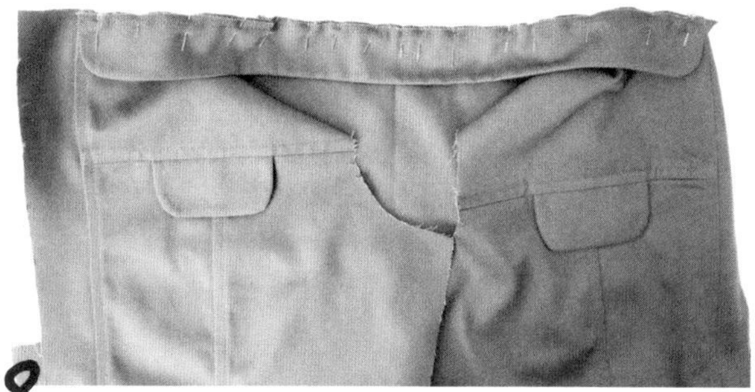

8 Cousez ce col sur l'encolure de la veste, endroit contre endroit. Les bords libres du col doivent correspondre avec la couture de la patte de boutonnage.

9 Surfilez les épaules des parementures devant et dos et assemblez-les, endroit contre endroit. Ouvrez les coutures au fer. Finissez le bord extérieur de l'ensemble des deux parementures à l'aide d'un biais.
Voir Le biais de propreté, page 92.

Finissez également le bord inférieur de la veste à l'aide d'un biais et marquez l'ourlet de 2 cm au fer (envers contre envers).

10 Assemblez la parementure sur le corps de la veste, endroit contre endroit. Le col se situe entre le corps de la veste et la parementure. Sur le bas des parementures devant, cousez à 2 cm du bord inférieur.

11 Crantez régulièrement les marges de couture (arrondis et angles) et placez la parementure en position finale à l'intérieur de la veste. Placez le col correctement et repassez minutieusement. Au niveau des épaules, réalisez quelques points à la main au travers des coutures (veste + parementures). Réalisez une surpiqûre sur le corps de la veste, à 7 à 8 mm de la couture de col. Cette surpiqûre s'arrête au niveau de la surpiqûre de la patte de boutonnage.

12 Repliez l'ourlet tout le long du bord inférieur de la veste, placez-le sous la parementure devant au niveau des milieux et piquez tout l'ourlet en arrêtant la couture au niveau de la surpiqûre de la patte de boutonnage.

13 Réalisez la fente indéchirable au bas des manches.
Voir La fente indéchirable, page 93.

Passez un fil de fronces dans les têtes de manche et assemblez-les au corps de la veste, endroit contre endroit. Surfilez les marges de couture ensemble

14 Surfilez les côtés des manches et du corps de la veste et assemblez-les, endroit contre endroit. Ouvrez les coutures au fer.

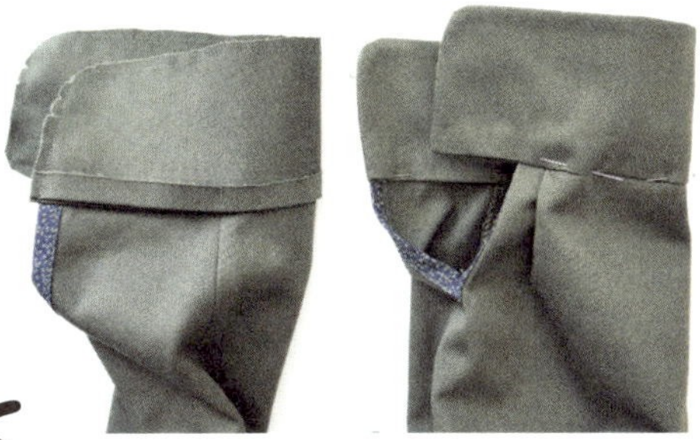

15 Assemblez les poignets sur le bas des manches.
Voir Les poignets, page 95.

16 Réalisez des boutonnières verticales sur la patte de boutonnage (7) et les rabats de poche à soufflet. Les boutonnières centrales sont espacées d'environ 8,5 cm. Réalisez deux boutonnières horizontales sur chacun des poignets. Cousez les boutons en vis-à-vis.

Le manteau Hazel

Hazel est un manteau avec des manches kimono qui descendent sous le coude. Il possède des empiècements au bas des manches et du corps qui apportent un côté graphique. Sa coupe est plutôt courte pour ne pas alourdir votre silhouette dans ce modèle large. Une doublure complète vient finir joliment ce manteau.

MATÉRIEL

- 2 m de tissu en 1 m 40 de large
- 1 m 40 de doublure en 1 m 40 de large
- 4 boutons de 3 à 3,5 cm de diamètre

TISSUS CONSEILLÉS

- Pour Hazel, choisissez des tissus souples et moyennement épais pour obtenir un joli tombé. La laine foulée, la flanelle de laine ou encore les lainages souples seront les plus adaptés.

PIÈCES DU PATRON

Patron tracé en jaune / planche D Anna Rose Patterns. Le tissu est plié en deux.

Pièce	Coupe	Marges de couture incluses
(1) Devant	× 2	1 cm tout autour
(2) Dos	× 1 au pli	1 cm tout autour sauf au pli
(3) Doublure devant	× 2 doublure	1 cm tout autour
(4) Doublure dos	× 1 au pli doublure	1 cm tout autour sauf au pli
(5) Empiècement devant	× 2	1 cm tout autour
(6) Empiècement dos	× 1 au pli	1 cm tout autour sauf au pli
(7) Empiècement manche	× 2	1 cm tout autour
(8) Parementure devant	× 2	1 cm tout autour
(9) Parementure dos	× 1 au pli	1 cm tout autour sauf au pli
(10) Parementure empiècement devant	× 2	1 cm tout autour
(11) Parementure empiècement dos	× 1 au pli	1 cm tout autour sauf au pli
(12) Parementure empiècement manche	× 2	1 cm tout autour

PLAN DE COUPE

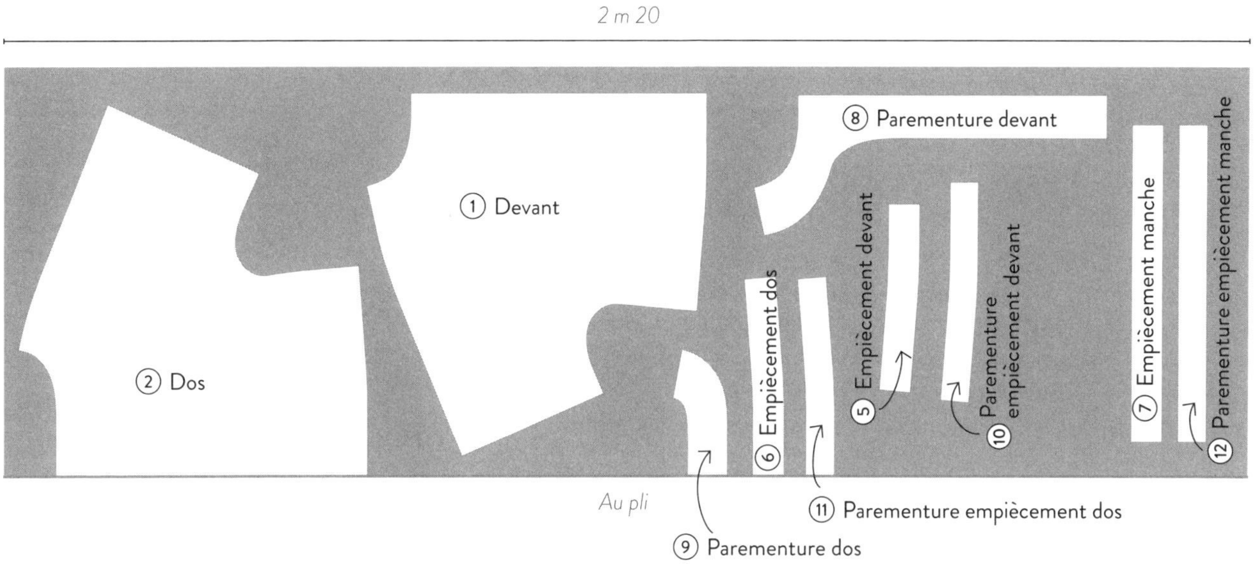

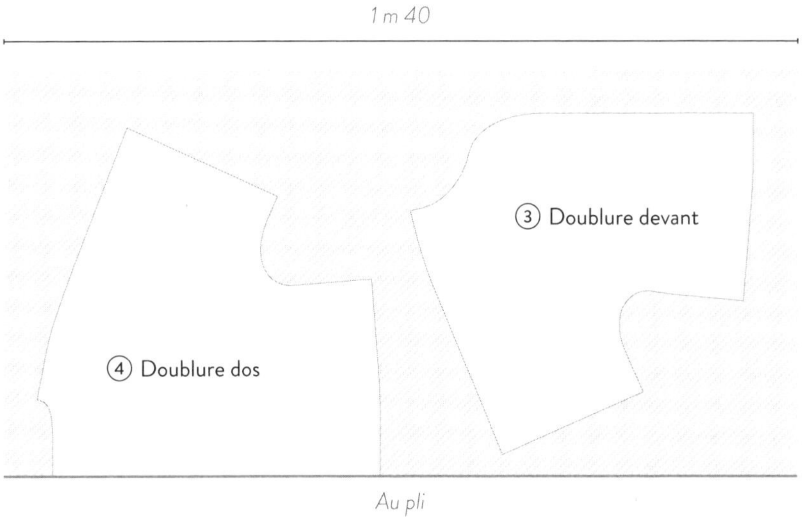

1 Assemblez les empiècements devant sur les devants, endroit contre endroit. Faites de même avec l'empiècement dos et le dos. Ouvrez les coutures au fer.

2 Assemblez le devant avec le dos, endroit contre endroit, au niveau des épaules/dessus des manches et des côtés/dessous des manches. Ouvrez les coutures au fer. Crantez régulièrement les marges de couture au niveau des arrondis sous les bras.

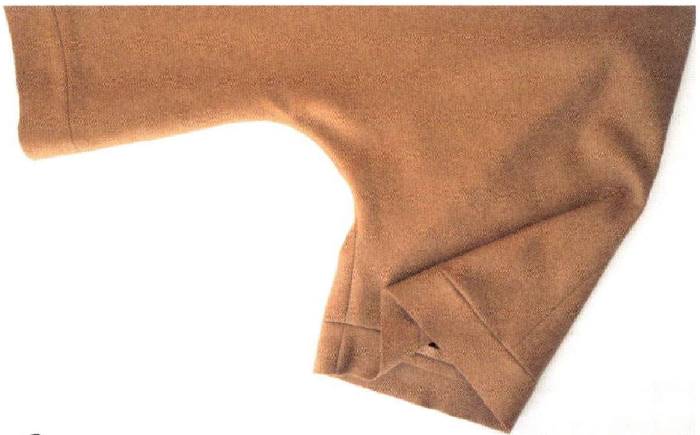

3 Pour chaque empiècement de manche, assemblez les petits côtés, endroit contre endroit, et ouvrez les coutures au fer. Assemblez ces empiècements au bas des manches du vêtement, endroit contre endroit. La couture de l'empiècement correspond à la couture de manche située sous le bras. Ouvrez les coutures au fer.

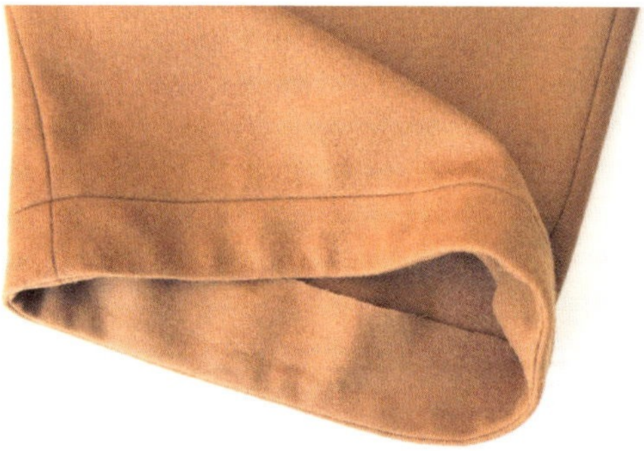

4 Pour chaque parementure d'empiècement de manche, assemblez les petits côtés, endroit contre endroit, et ouvrez les coutures au fer. Assemblez ensuite les parementures sur les empiècements de l'étape précédente, endroit contre endroit, en faisant correspondre les coutures. Cranter le surplus de marges de couture au niveau de la jonction des coutures et placez la parementure à l'intérieur de la manche. Repassez minutieusement.

5 Assemblez la parementure devant avec la parementure dos au niveau des épaules, endroit contre endroit, et ouvrez les coutures au fer. Assemblez cette parementure sur le corps du manteau, endroit contre endroit. Piquez tout le tour, sauf sur le bord inférieur des parementures devant.

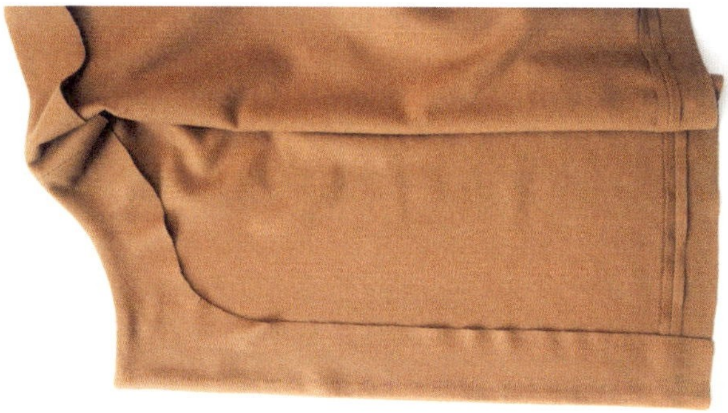

6 Crantez les angles et arrondis. Placez la parementure à l'intérieur du manteau et repassez minutieusement.

7 Assemblez les parementures d'empiècement devant et dos par les petits côtés, endroit contre endroit, et ouvrez les coutures au fer. Dépliez les parementures devant et assemblez-y les parementures d'empiècement devant, endroit contre endroit. La couture commence sur le bord inférieur et s'arrête après 3 cm.

8 Repositionnez la parementure d'empiècement sur le bas du manteau, endroit contre endroit, en faisant correspondre les coutures côté. La parementure devant vient alors sur l'endroit du manteau. Repassez la petite marge entre les parementures vers le milieu du manteau. Piquez d'un bord à l'autre à 1 cm du bord inférieur, en commençant et en arrêtant la couture au niveau de la couture parementure devant/devant.

9 Crantez les marges de couture. Placez la parementure à l'intérieur du manteau et repassez minutieusement.

10 Réalisez le pli d'aisance sur le milieu de la doublure dos. Pour cela, sur l'endroit, rabattez chaque repère sur le milieu dos, en haut et en bas de la doublure. Marquez au fer, puis réalisez une piqûre de maintien à 0,5 cm du bord.

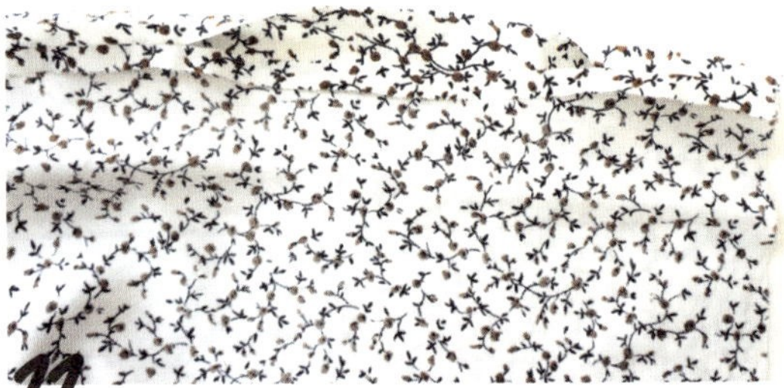

11 Assemblez la doublure dos avec la doublure devant (comme le tissu à l'étape 2), endroit contre endroit, en laissant une ouverture d'environ 20 cm sur la partie haute et droite d'une des manches. Ouvrez les coutures au fer et marquez les marges de couture sur la partie ouverte. Crantez les marges de coutures au niveau des arrondis sous les bras.

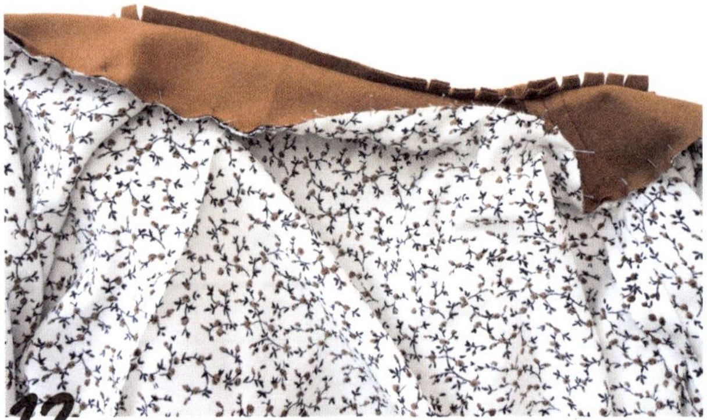

12 Assemblez la doublure sur la parementure du manteau (devant et dos), endroit contre endroit. Faites-le en deux étapes en partant à chaque fois du milieu dos. Stoppez la couture à 5 cm environ du bas de la parementure devant.

13 Assemblez le bas de la doublure sur la parementure d'empiècement, endroit contre endroit. Piquez sur toute la longueur en dépliant les marges de couture. Pliez ensuite le surplus de doublure dans l'angle formé par la parementure devant et la parementure d'empiècement. Piquez toutes les épaisseurs ensemble.

14 Retournez le manteau en passant par l'ouverture laissée dans la doublure de manche. Repassez minutieusement en marquant le pli au bas de la doublure.

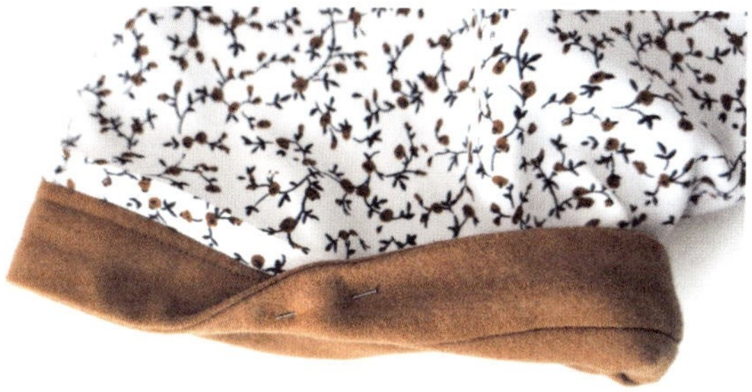

15 Placez les manches en doublure dans les manches en tissu (envers contre envers) puis retourner les bords de manche l'un contre l'autre de façon à avoir les deux extrémités endroit contre endroit. En passant votre main par l'ouverture laissée dans la doublure, attrapez le bord de manche et de doublure (endroit contre endroit) en faisant correspondre les coutures. Ressortez le tout par l'ouverture en tenant fermement. Cousez ces deux pièces ensemble, les tissus s'assemblant petit à petit devant le pied-de-biche (vous ne pourrez pas les épingler entièrement ensemble).

16 Replacez les manches en position finale et marquez le pli d'aisance au bas de la manche. Pour maintenir les parementures en position, piquez au travers des coutures empiècement/manteau en dégageant les doublures. Faites cela au bas des manches et du manteau. Au bas du manteau, la couture commencera et s'arrêtera à 10 cm environ des milieux devant pour éviter de prendre la doublure ou la parementure devant.

Fermez l'ouverture dans la doublure par une couture invisible. Réalisez quatre boutonnières horizontales espacées d'environ 13 à 14 cm (selon les boutons choisis) et cousez les boutons en vis-à-vis.

You Made My Day

Couturière émérite, Amaia en a fait son métier en réalisant des cours de couture pour les adultes et les enfants. Elle est également fondatrice du site internet You made my day, proposant des patrons de couture pour toute la famille. Créatrice excursionniste, vous trouverez dans son blog des articles relatant la beauté et la finesse de tissus qu'elle rapporte lors de ses nombreux voyages.

Dans cet ouvrage, Amaia revisite habilement les deux monuments de la mode que sont le duffle-coat et le blazer pour vous assurer intemporalité et originalité.

www.you-made-my-day.com

Les vestes de You Made My Day

Le blazer Aurore

Ce blazer *oversize* est long et sa coupe est ajustée. Vous aimerez les détails de son dos froncé, de ses manches et épaules à empiècements et de ses manchettes ouvertes. Un intemporel original.

MATÉRIEL

- Tissu extérieur : de 2 m à 2 m 50 en 1 m 50, selon les tailles
- Doublure : de 1 m à 1 m 50 en 1 m 50

TISSUS CONSEILLÉS

- Extérieur : prince-de-galles, gabardine, tissu tailleur
- Doublure : viscose, polyester, Tencel

PIÈCES DU PATRON

Patron tracé en rose / planche E You made my day. Le tissu est plié en deux.

Pièce	Coupe	Marges de couture incluses
① Devant centre	× 2 tissu + thermocollant	1 cm tout autour
② Devant côté	× 2	1 cm tout autour sauf au pli
③ Devant bas	× 2	1 cm tout autour
④ Dos haut	× 1 au pli	1 cm tout autour sauf au pli
⑤ Dos bas	× 1 au pli	1 cm tout autour sauf au pli
⑥ Empiècement épaule	× 2	1 cm tout autour
⑦ Dessus de manche supérieure	× 2	1 cm tout autour
⑧ Dessous de manche inférieure	× 2	1 cm tout autour
⑨ Empiècement manche	× 2	1 cm tout autour
⑩ Manchette	× 2 tissu + × 2 doublure + thermocollant	1 cm tout autour
⑪ Sac de poche extérieur	× 2	1 cm tout autour
⑫ Sac de poche intérieur	× 2	1 cm tout autour
⑬ Parementure devant centre	× 2	1 cm tout autour
⑭ Parementure dos	× 1 au pli	1 cm tout autour sauf au pli
⑮ Doublure devant côté	× 2 doublure	1 cm tout autour
⑯ Doublure devant bas	× 2 doublure	1 cm tout autour
⑰ Doublure dos	× 1 au pli doublure	1 cm tout autour sauf au pli
⑱ Doublure dos bas	× 1 au pli doublure	1 cm tout autour sauf au pli
⑲ Doublure dessus de manche	× 2 doublure	1 cm tout autour
⑳ Doublure dessous de manche	× 2 doublure	1 cm tout autour

PLAN DE COUPE

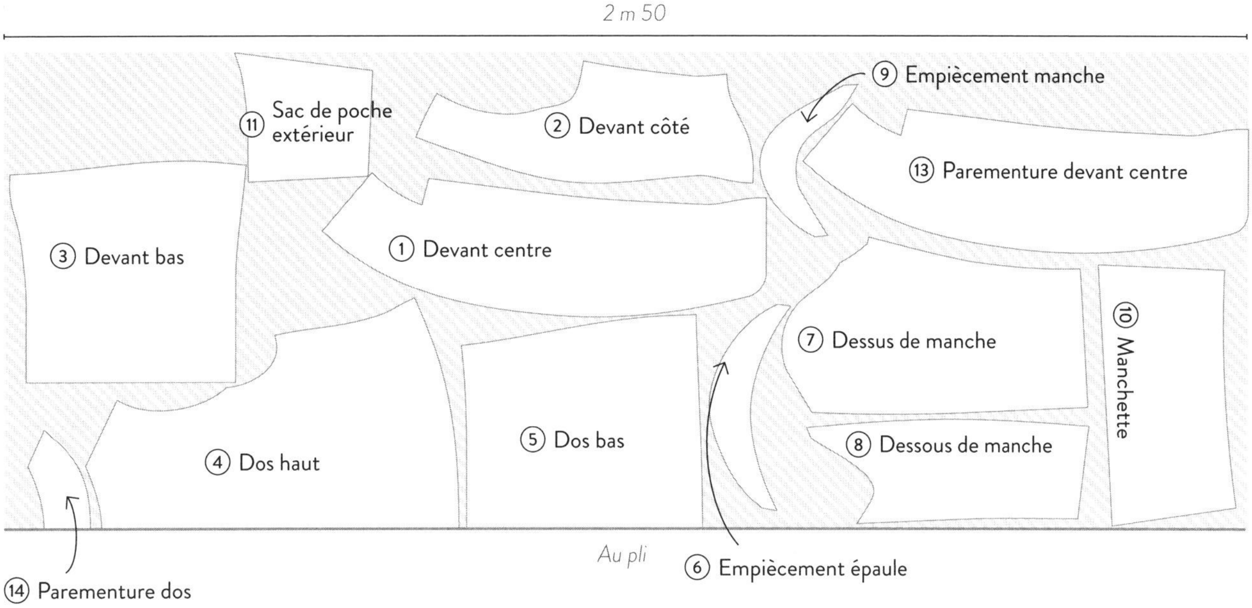

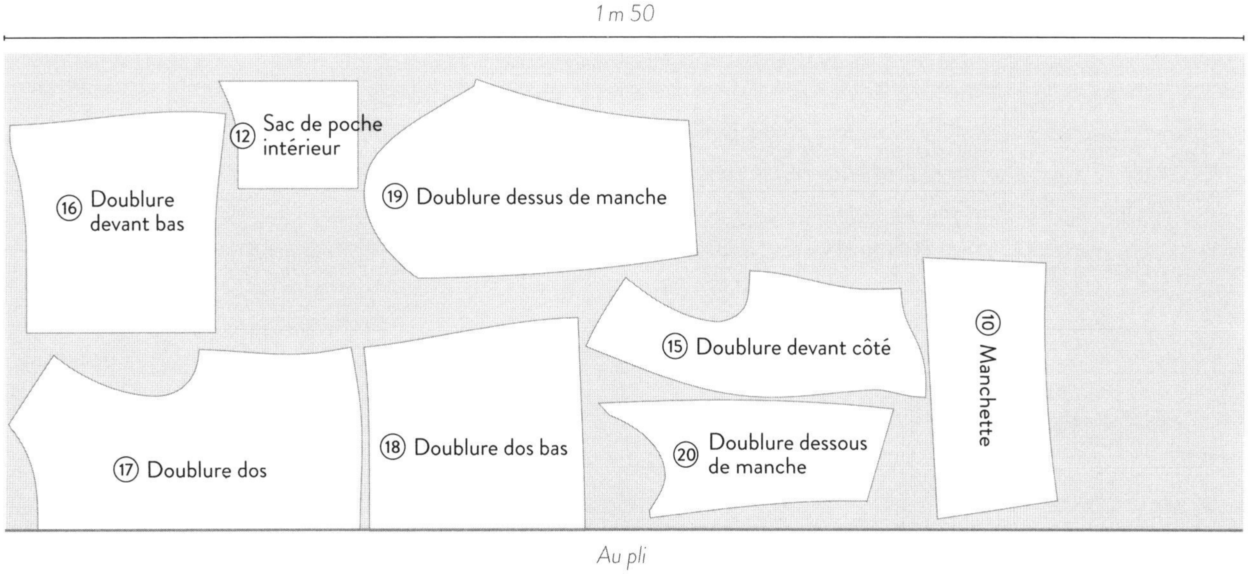

1 Si nécessaire, entoilez les pièces devant centre et manchettes. Cousez les pièces devant centre au niveau du centre de l'encolure. Cousez les pièces devant côté sur chaque côté du devant centre. À chaque étape, aplatissez les coutures au fer en les ouvrant.

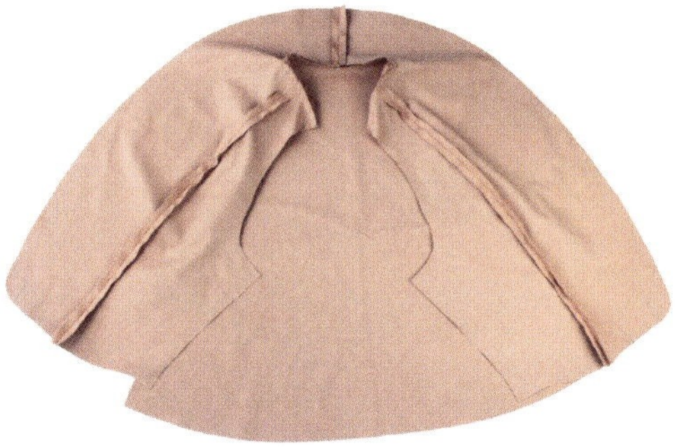

2 Cousez la pièce devant à la pièce dos haut par les épaules et l'encolure, endroit contre endroit, en faisant attention à la forme concave et convexe de l'encolure. Faites la couture en trois temps, épaule-encolure-épaule en arrêtant la couture à chaque fois et en faisant un petit cran à l'angle des pièces devant.

3 Cousez les empiècements épaule sur chaque épaule en faisant attention au positionnement centre, devant et dos. L'empiècement doit finir, de chaque côté, là où l'emmanchure a une petite encoche.

4 Cousez les sacs de poche extérieurs (devant bas) sur les pièces devant bas, endroit contre endroit, en les plaçant selon les repères sur les pièces.

Repassez la couture en tournant la poche vers l'intérieur (envers contre envers).

5 Cousez les sacs de poche intérieurs au bas du devant du blazer, endroit contre endroit, en les positionnant selon les repères.

Repassez les poches vers le bas.

6 Positionnez chaque pièce devant bas, endroit contre endroit, sur le haut du blazer tout en alignant les poches intérieure et extérieure. Cousez les pièces d'un extrême à l'autre en vous arrêtant au point d'ouverture de la poche et en cousant la poche avant de remonter pour finir de l'autre côté.

7. Faites un double fil de fronces sur le bas du dos haut en cousant, sans faire de point de sécurité et avec le point le plus long, une ligne à 5 mm du bord et une deuxième à 5 mm de la précédente.

Laissez des longs fils de chaque côté afin de pouvoir tirer les deux fils provenant de la cannette de façon à froncer le bas de la pièce. Tirez des deux côtés et répartissez bien les fronces tout le long de la pièce.

8 Cousez le bas du dos au haut du dos, endroit contre endroit, en faisant attention à ne pas créer de plis entre les fronces.

Fermez les côtés du blazer en les cousant ensemble, endroit contre endroit, du bas de l'emmanchure au bas du blazer.

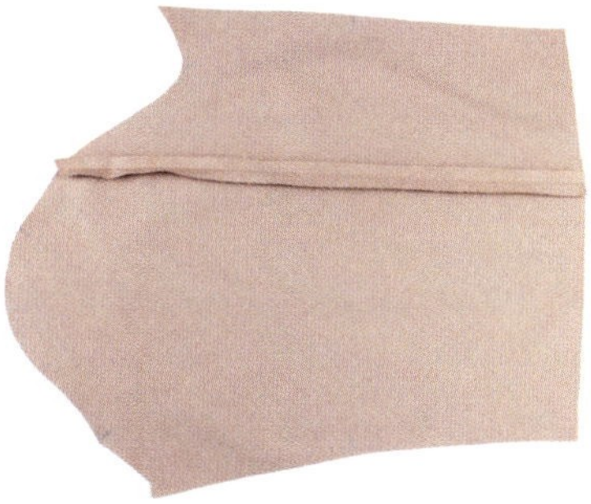

9 Cousez les deux pièces des manches par les côtés les plus longs, endroit contre endroit.

Repassez les coutures ouvertes.

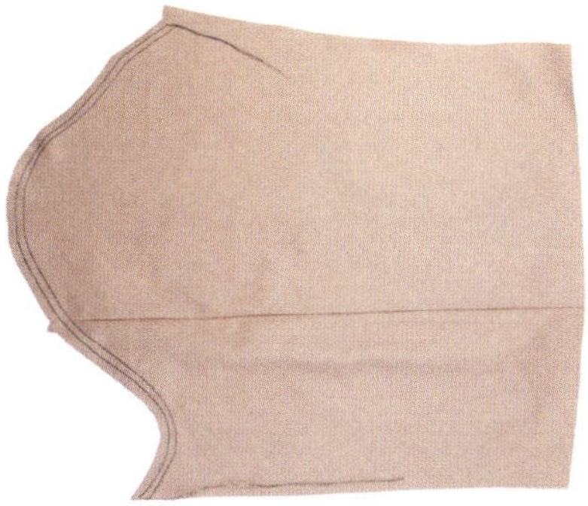

10 Faites un double fil de fronces sur le haut de l'empiècement des manches de la même manière que pour la pièce dos.

11 Tirez les fils qui proviennent de la cannette et froncez le haut de la manche légèrement.

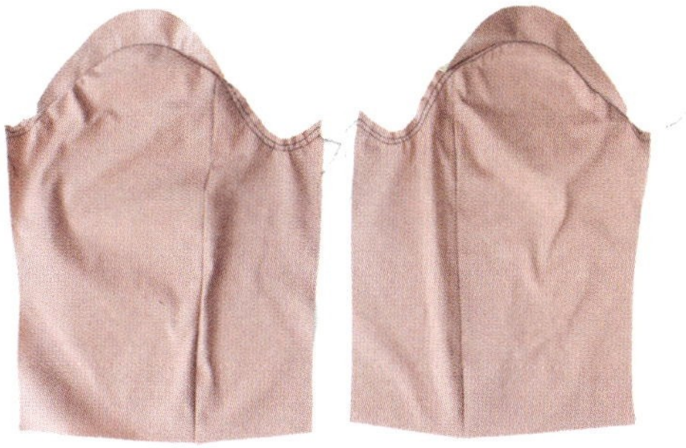

12 Positionnez et cousez l'empiècement des manches, endroit contre endroit, en faisant attention au sens devant et dos.

Repassez la couture vers le bas.

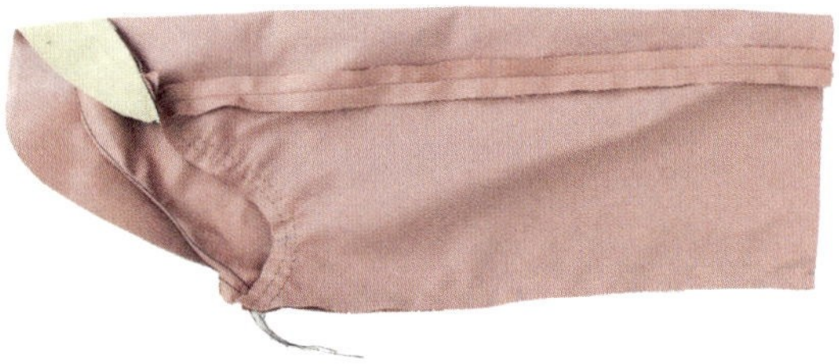

13 Fermez et cousez, endroit contre endroit, l'autre côté des manches.

14 Repassez un des côtés courts des manchettes en les repliant de 1 cm à l'intérieur.

Épinglez les manchettes, endroit contre l'endroit du bas de manche, en suivant les repères de montage et en les croisant, le côté qui a la marge de couture latérale repliée étant en dessous de l'autre. Cousez les manchettes aux manches.

15 Positionnez le milieu de manche, endroit contre l'endroit du milieu d'épaule et épinglez.

Retournez le blazer vers l'envers et continuez à épingler la manche à l'emmanchure en faisant attention aux repères sur le patron. Afin d'éviter des plis sur les manches, répartissez bien les fronces pour absorber l'embu de la manche. Cousez la manche à l'emmanchure.

16 Cousez le pli creux du milieu dos de la doublure, endroit contre endroit, sur la ligne de repère. Repassez en aplatissant et en répartissant de part et d'autre le surplus de tissu resté sur l'envers. Faites une surpiqûre à 3 mm du bord pour maintenir en place le pli creux.

17 Positionnez et cousez la parementure dos, endroit contre l'endroit de l'encolure de la doublure haut. La partie la plus longue de la parementure face au bord de l'encolure en forme concave.

18 Cousez les différentes pièces de la doublure de la même façon que l'extérieur du blazer, à l'exception du bas de la pièce haut dos, qui n'a pas de fronces sur la doublure, et des poches, déjà cousues précédemment. Laissez une ouverture dans l'une des coutures du dos haut et côté devant afin de pouvoir retourner l'ouvrage vers l'extérieur lors de la dernière étape.

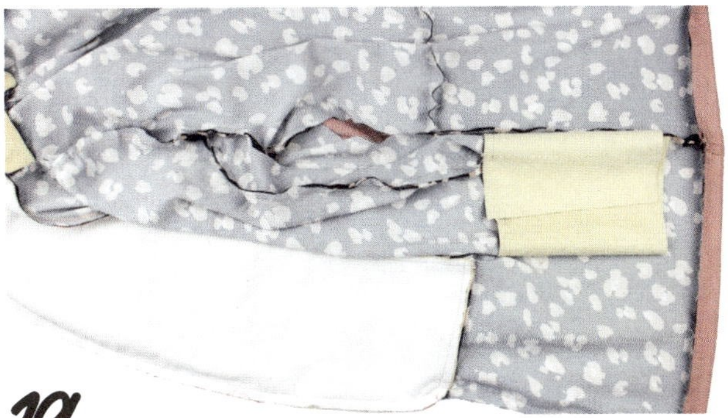

19 Positionnez les bas de l'extérieur du blazer et de la doublure une fois montée, endroit contre endroit.

Une fois cousus, épinglez le reste du blazer en alignant les différents repères. La couture du bas du blazer doit remonter de 2 cm à l'intérieur.

Sortez les manches afin d'éviter de les prendre dans la couture. Cousez le tour du blazer.

20 Positionnez les bouts des manchettes, endroit contre endroit, en faisant attention à ce que les hauts des manches, extérieur et doublure, soient positionnés vers la même direction.

21 Cousez en partant de l'un des repères latéraux de milieu de manchette et en allant jusqu'à l'autre bout, en fermant ainsi les manchettes extérieur et doublure.

Une ouverture est laissée là où les manchettes se croisent.

22 Crantez tous les coins du blazer.

Retournez l'ouvrage par l'ouverture laissée précédemment dans la doublure.

23 Surpiquez les manchettes à 3 mm, en partant de la couture de la manche et en faisant tout le tour afin de les fermer et de les fixer ensemble.

24 Surpiquez tout le tour du blazer à 3 mm. Réalisez la boutonnière sur l'un des deux devants et cousez le bouton. Fermez l'ouverture laissée dans la doublure avec un point invisible.

Le duffle-coat Meieli

Le duffle-coat a une capuche en forme de trapèze et est légèrement *oversize*. Il est joliment orné de fermoirs boutonnés en forme de nœud, d'empiècements aux épaules et de nœuds décoratifs sur les poches plaquées et au dos. Un manteau très féminin qui s'adapte à toutes les morphologies.

MATÉRIEL

- Tissu extérieur : entre 2 m et 3 m en 1 m 50, selon les tailles
- Doublure : entre 1,5 m et 2 m en 1 m 50
- 8 boutons

TISSUS CONSEILLÉS

- Extérieur : laine
- Doublure : viscose, polyester, Tencel

PIÈCES DU PATRON

Patron tracé en bleu / planche F You made my day. Le tissu est plié en deux.

Pièce	*Coupe*	*Marges de couture incluses*
(1) Devant	× 2	1 cm tout autour
(2) Dos	× 1 au pli	1 cm tout autour sauf au pli
(3) Manche	× 2	1 cm tout autour
(4) Empiècement épaule	× 2	1 cm tout autour
(5) Parementure devant	× 2 tissu + thermocollant	1 cm tout autour
(6) Parementure dos	× 1 au pli	1 cm tout autour sauf au pli
(7) Nœud fermeture devant	× 6	1 cm tout autour
(8) Nœud de poche	× 4	1 cm tout autour
(9) Nœud dos	× 2	1 cm tout autour
(10) Capuche	× 2	1 cm tout autour
(11) Milieu capuche	× 1	1 cm tout autour
(12) Parementure capuche	× 2 tissu + thermocollant	1 cm tout autour
(13) Doublure milieu capuche	× 2 doublure	1 cm tout autour
(14) Parementure milieu capuche	× 1	1 cm tout autour
(15) Doublure devant	× 2 doublure	1 cm tout autour
(16) Doublure dos	× 1 au pli doublure	1 cm tout autour sauf au pli
(17) Doublure manche	× 2 doublure	1 cm tout autour
(18) Doublure capuche	× 2 doublure	1 cm tout autour
(19) Poche plaquée	× 2 + × 2 doublure	1 cm tout autour

PLAN DE COUPE

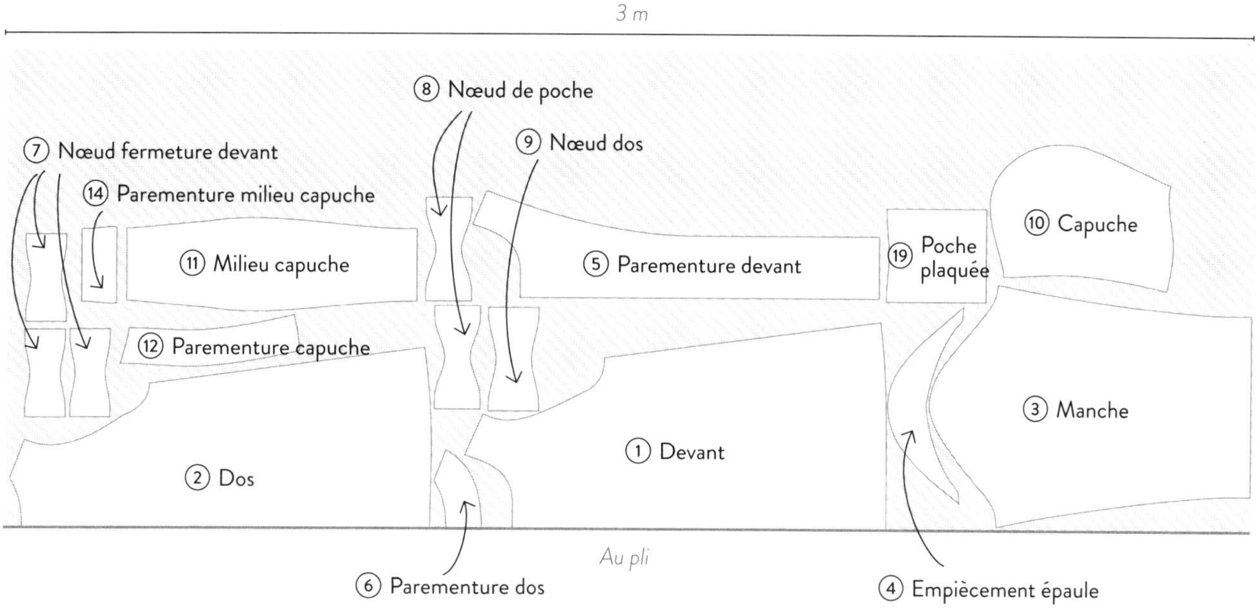

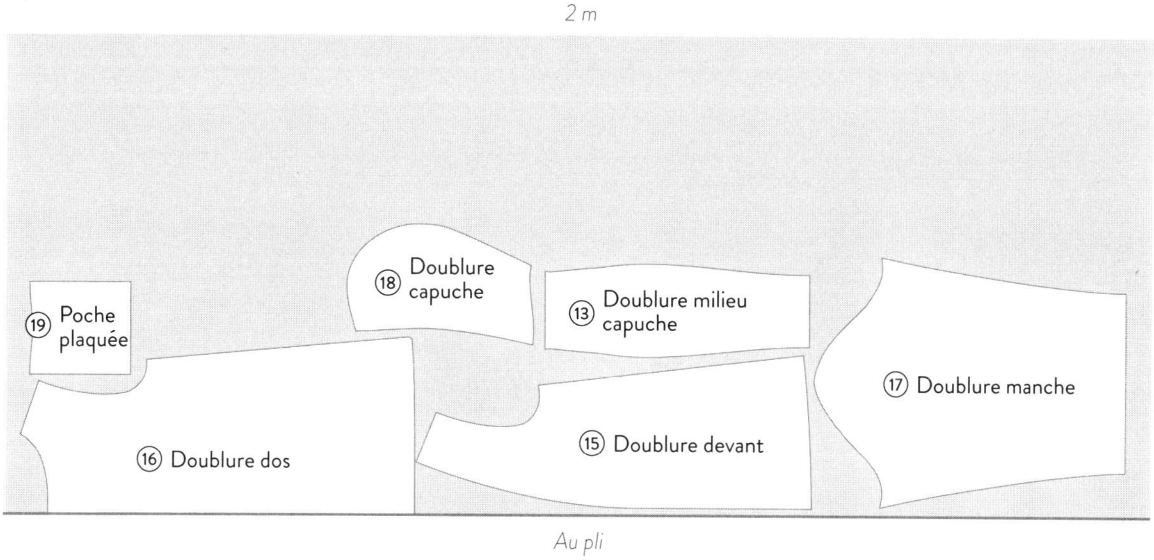

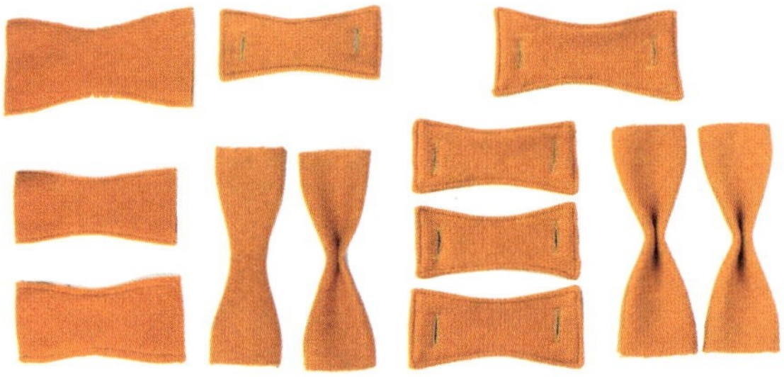

1 Commencez par les nœuds. Il est recommandé d'utiliser un tissu fin pour le dos des nœuds afin d'éviter trop d'épaisseur. Il y a trois nœuds fermoirs, deux nœuds décoratifs pour les poches et un nœud décoratif pour le dos. Cousez les pièces deux par deux, endroit contre endroit, et uniquement sur les côtés les plus longs, en laissant ouverts les côtés courts. Crantez la valeur de couture et réduisez la marge à 3 mm. Retournez chaque nœud vers l'endroit par l'un des côtés ouverts. Repassez-les à plat.

Nœuds des poches : pliez-les en deux, endroit contre endroit, et faites quatre points pour leur donner la forme nœud. Laissez de côté.

Nœuds fermoir et dos : faites un rentré de 1 cm de chaque côté avec les deux tissus afin de le fermer. Épinglez et surpiquez tout le contour à 3 mm en fermant les nœuds.

2 Faites les deux boutonnières sur chaque nœud. Mettez de côté.

Préparez les poches. Cousez d'abord la doublure à chaque poche, endroit contre endroit, au niveau de la couture supérieure. Aplatissez la couture au fer vers le bas.

Ouvrez la pièce et placez chaque nœud, dos face à l'endroit de la poche, en laissant dépasser 5 mm de chaque côté. Faites une couture de maintien à 5 mm de chaque côté.

Repositionnez la doublure, endroit contre endroit de la poche et cousez les côtés et bas en laissant une ouverture afin de pouvoir retourner la poche. Dégarnissez les angles et coutures à 3 mm. Retournez vers l'endroit par l'ouverture laissée. Aplatissez les coutures au fer. Rentrez de 1 cm la marge de valeur ouverte et épinglez-la.

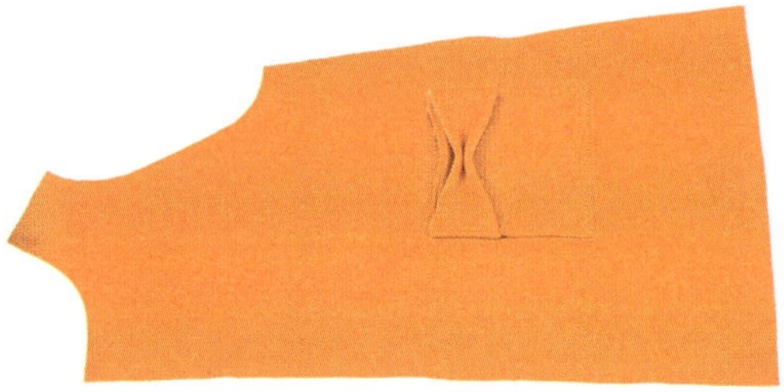

3 Placez les poches sur les devants en suivant l'emplacement indiqué sur le patron. Surpiquez les poches et nœuds à 3 mm du bord en laissant la partie supérieure sans la coudre. Faites attention à l'épaisseur au niveau des nœuds.

4 Épinglez et cousez les pièces devant et dos au niveau des épaules, endroit contre endroit. Ouvrez les coutures au fer.

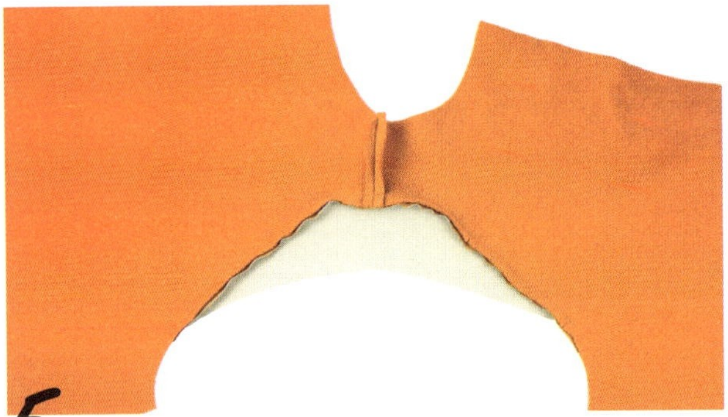

5 Épinglez et cousez les empiècements épaule aux emmanchures en faisant attention aux repères devant et dos.

6 Faites un double fil de fronces sur la tête de manche (ici montrée dans le tissu de la doublure). Avec un point long et sans arrêt de couture, piquez tout le long de la tête à 5 mm du bord.

7 Faites une deuxième piqûre à 5 mm de la précédente. Tirez légèrement de chaque côté en prenant les fils provenant de la canette afin de froncer la tête de manche.

Répartissez les légères fronces de manière régulière afin d'éviter la création de plis.

8 Épinglez et cousez les manches aux emmanchures en suivant les repères devant, milieu et dos.

Enlevez les fils de fronces.

9. Épinglez et cousez les côtés du manteau en commençant par le bout des manches et en finissant à l'ourlet ; pivotez au niveau du bas de l'emmanchure.

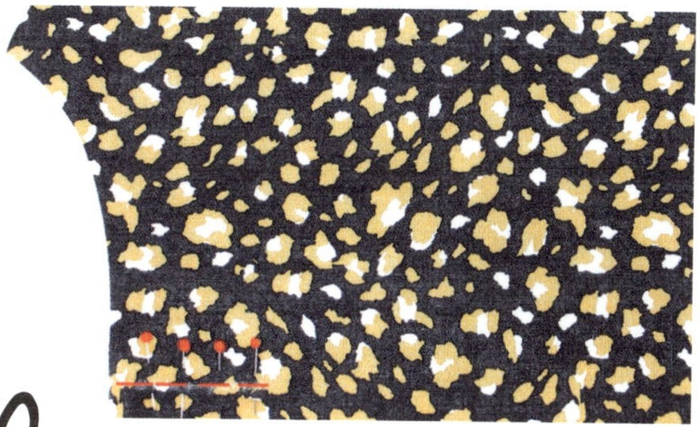

10. Réalisez le pli de la pièce doublure dos en pliant la pièce en deux, endroit contre endroit, et en faisant une piqûre jusqu'au repère du patron.

Aplatissez le pli au fer en le répartissant de chaque côté de la couture.

Faites une couture de maintien à 3 mm du bord.

11 Épinglez et cousez la parementure dos à la doublure dos en suivant l'arrondi des pièces. Le côté le plus long de la parementure doit regarder vers le bas lorsque les pièces sont endroit contre endroit.

Repassez la couture vers le bas.

12 Épinglez et cousez les parementures devant aux pièces doublure devant.

Repassez les coutures vers les côtés.

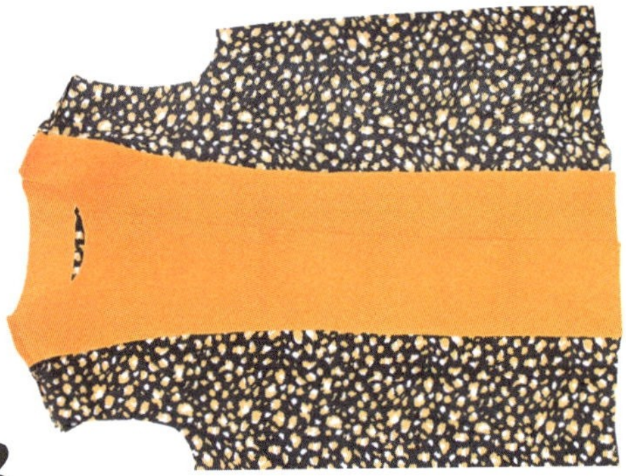

13 Construisez le reste de l'intérieur du manteau de la même façon que l'extérieur, à l'exception de l'empiècement emmanchure, pièce qui est incluse dans la doublure.

Sur l'une des coutures latérales, laissez une ouverture de 15 cm non cousue afin de pouvoir retourner l'ouvrage à la fin.

14 Épinglez et cousez les doublures capuche aux parementures devant de la capuche, endroit contre endroit.

Repassez la couture vers le dos. Épinglez et cousez le milieu de capuche doublure au milieu de capuche parementure, endroit contre endroit. Repassez la couture vers le dos.

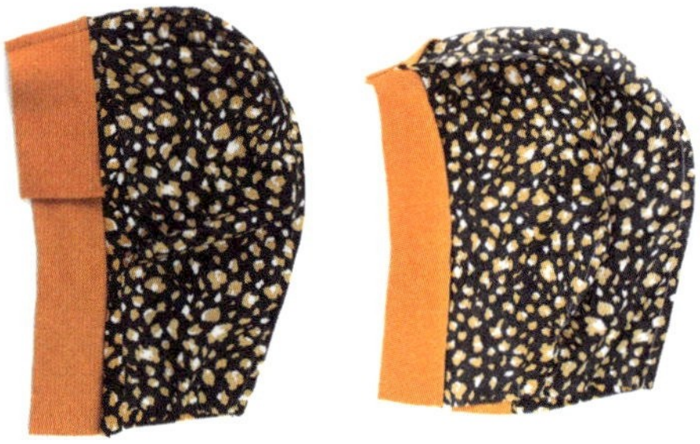

15 Épinglez et cousez le milieu de capuche doublure de chaque côté de la capuche doublure, endroit contre endroit, en faisant attention à bien faire correspondre les coutures des parementures. Ouvrez les coutures au fer. Cousez les trois pièces de la capuche extérieure en suivant cette étape.

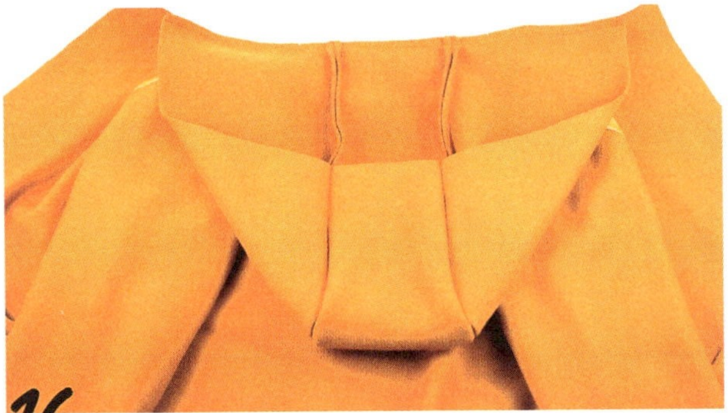

16 Épinglez et cousez le bas de la capuche extérieur à l'encolure supérieure de l'extérieur du manteau, endroit contre endroit.

Faites de même avec la capuche doublure et la doublure du manteau.

17 Épinglez et cousez l'extérieur et la doublure du manteau par l'ourlet, endroit contre endroit. Alignez le haut du manteau, extérieur et doublure, endroit contre endroit, en faisant remonter l'ourlet de 2 cm (la doublure étant plus courte que le manteau extérieur). Repassez la couture de l'ourlet vers le haut. Sortez les quatre manches par les emmanchures, afin d'éviter de les prendre dans la couture suivante.

18 Épinglez et cousez tout le tour de la doublure et de l'extérieur du manteau à 1 cm et en pivotant aux encolures et à la capuche .

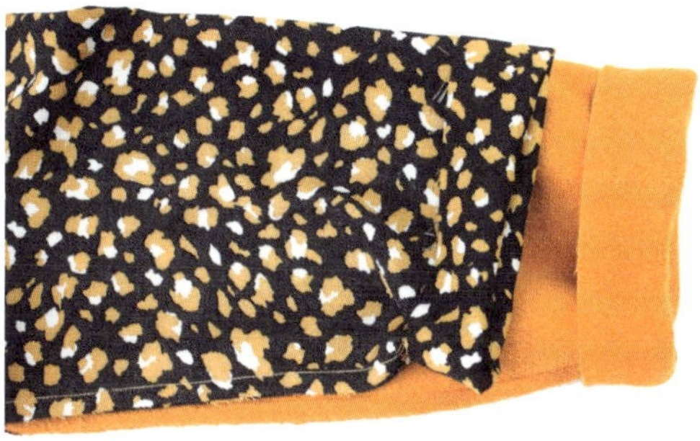

19 Placez les manches l'une sur l'autre, envers vers l'extérieur.

Repliez les bouts de manche vers l'extérieur.

20 Placez les bouts de manche face à face (endroit contre endroit) en commençant par la couture de la manche.

21 Épinglez les bouts de manche tout le long en faisant attention à ce que la partie supérieure de la manche extérieure soit épinglée à la partie supérieure de la doublure.

22 Cousez les deux couches à 1 cm du bord.

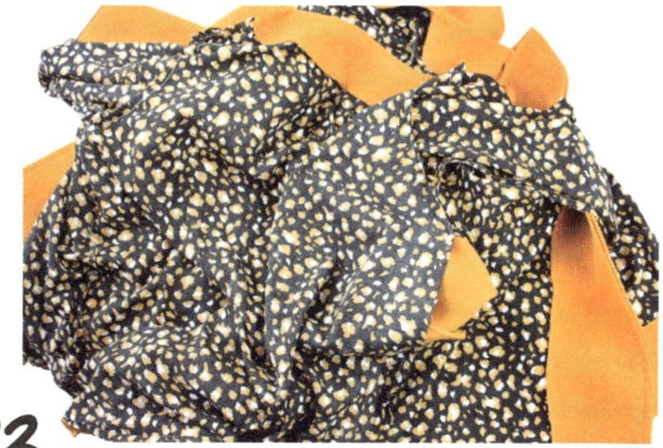

23 Dégarnissez tous les angles du manteau.

Retournez complètement l'ouvrage par l'ouverture laissée précédemment dans la couture latérale.

24 Sur l'endroit, faites une surpiqûre à 4 cm sur les deux pièces devant en prenant toutes les couches.

Cousez les six boutons sur les pièces devant (trois de chaque côté) et les deux boutons sur le dos.

Fermez l'ouverture laissée dans la doublure avec un point invisible.

Cahier technique

Avant de commencer à coudre

Chaque création est disponible en taille réelle. Une planche de patron répertorie les deux vestes ou manteaux d'une créatrice. Pour chaque veste, vous aurez plusieurs pièces du patron à découper, détaillées dans la partie « Pièces du patron ».

Lisez bien les indications avant de découper chaque pièce : l'emplacement éventuel du pli et le nombre de pièces nécessaires est systématiquement indiqué.

Reportez-bien toutes les indications : crans de montage, pinces, droit-fil, nom de la pièce, etc.

Chaque créatrice a des habitudes qui lui sont propres dans la manière de monter le vêtement, mais vous retrouverez sur les planches de patron de ce livre les mêmes types d'indication.

Pour choisir votre taille, mesurez-vous à même le corps. Tanaïs, qui porte les modèles, mesure 1 m 65. Les modèles sont prévus pour cette taille, mais vous pouvez les ajuster en fonction de la vôtre.

Reportez-vous au tableau ci-dessous pour trouver votre taille, et n'hésitez pas à rejoindre les lignes entre elles si vous êtes entre deux tailles.

Aménagez-vous aussi un espace pour le repassage, essentiel tout au long de la fabrication.

	34	36	38	40	42	44
poitrine	80	84	88	92	96	100
taille	62	66	70	74	78	82
hanches	86	90	94	98	102	106

Les patrons sont dessinés avec marges de couture incluses. Pas besoin de les dessiner ! Leur valeur est indiquée avant chaque plan de coupe, vous pouvez ainsi les adapter si vous utilisez une surjeteuse.

Matériel

Avant de débuter, entourez-vous des bons outils : voici une bonne base pour avoir les éléments indispensables à portée de main.

Fer à repasser
Coudre, c'est aussi repasser ! Repassez régulièrement votre création pendant l'assemblage pour assurer de belles finitions.

Règle, équerre et rapporteur
Ressortez vos outils de géométrie pour reporter plus facilement vos patrons.

Mètre ruban
Souple et long de 1 m 50, gardez-le près de vous !

Mesure-ourlet
Ce petit gadget très utile évite de sortir une grande règle pour mesurer seulement quelques centimètres, lorsque vous réalisez des ourlets par exemple.

Paire de ciseaux spéciale tissu/papier
Attention, ne coupez jamais du papier avec des ciseaux pour tissu… et inversement !

Retourne-biais
Cet outil sert à retourner des liens, un gain de temps inestimable !

Rouleau de papier
Ce type de rouleau sert à recopier les patrons et se trouve facilement dans les merceries ou magasins de loisirs créatifs. Choisissez un papier fin, comme le papier de soie, afin qu'il soit assez transparent.

Aiguille à coudre à la main
Vous trouverez très peu de coutures réalisées à la main dans cet ouvrage mais les aiguilles seront toujours utiles pour coudre un bouton, bâtir, ou fermer une ouverture avec un point discret.

Aiguilles pour machine à coudre
Il en existe plusieurs types et plusieurs tailles, à choisir en fonction de votre tissu.

Bobines/canettes
Un fil de bonne qualité vous assurera une belle couture mais ne vous ruinez pas pour autant ! Les canettes sont généralement fournies avec votre machine à coudre.

Craie pour textile
Une craie pour textile vous permettra de reporter les indications du patron sur le tissu, telles que les pinces ou les repères, qui disparaitront ensuite au lavage. Il existe également des stylos pour textile qui disparaissent au fer à repasser.

Découd-vite
Généralement fourni avec votre machine, le découd-vite vous permettra d'ouvrir les boutonnières, de retirer les fils de fronces, mais aussi de découdre les erreurs !

Épingles
Des épingles à tête ronde et colorée seront plus visibles et plus faciles à utiliser.
Vous pouvez également utiliser des épingles très fines pour certains tissus délicats.

Épingle de nourrice
Ce type d'épingle vous sera très utile pour glisser un élastique ou un cordon dans une coulisse.

Entoilage
L'entoilage est un tissu thermocollant qui vous servira à rigidifier certaines pièces de vos créations comme une ceinture, une parementure ou un col.

Cahier technique de Julie Kansara

COUDRE UNE BOUTONNIÈRE À LA MACHINE

La plupart des machines à coudre domestiques ont une fonction qui permet de confectionner des boutonnières de façon automatique. Si ce n'est pas le cas de votre machine, vous allez devoir réaliser les étapes de la façon suivante.

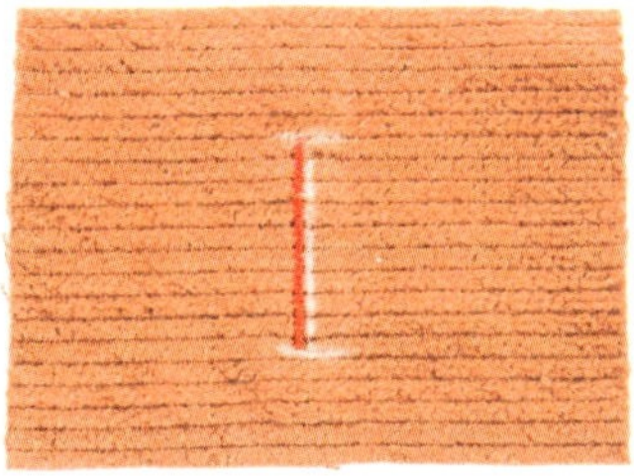

1 Tracez, à l'emplacement déterminé par le patron, la longueur de la boutonnière. Elle correspond au diamètre du bouton augmenté de son épaisseur. Réglez la machine sur le point zigzag, longueur de point : 1,5, largeur de point : 2. Sélectionnez la position d'aiguille côté gauche. Piquez le côté gauche le long du tracé de la boutonnière.

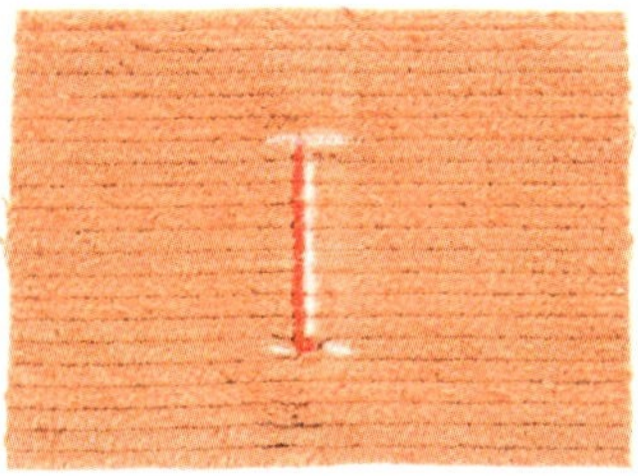

2 Sélectionnez la position d'aiguille centrale et la largeur de point : 4, toujours au point zigzag. Exécutez quelques points pour réaliser l'arrêt de la boutonnière.

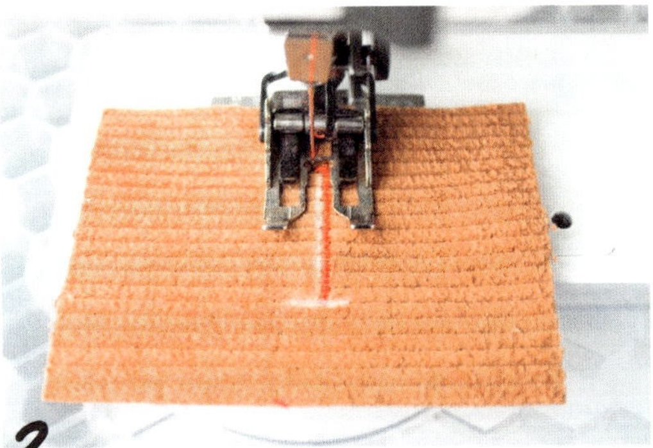

3 Sélectionnez le mode point droit, aiguille enfoncée dans l'ouvrage en position centrale. Levez le pied presseur et faites pivoter l'ouvrage à 180°.

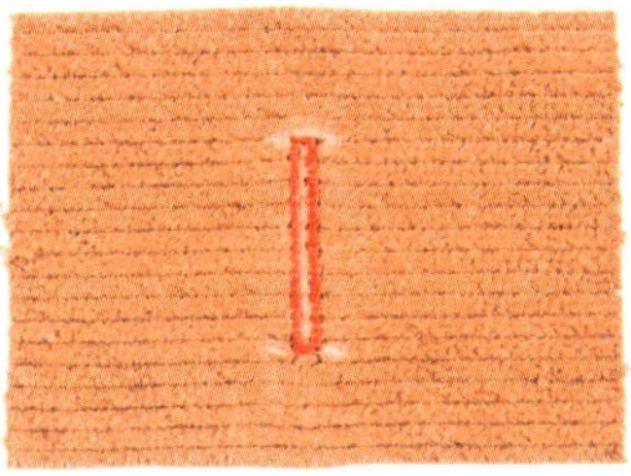

4 Abaissez le pied presseur puis répétez les opérations précédentes pour terminer la boutonnière. Fendez soigneusement l'intérieur avec un découd-vite.

ASSEMBLER UNE VESTE ET SA DOUBLURE

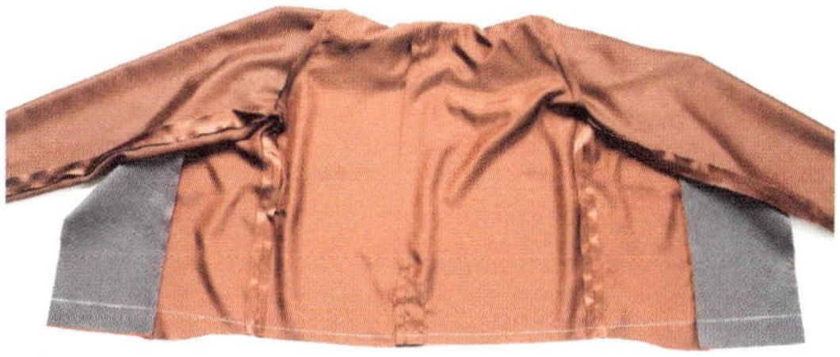

1 Tracez la ligne de couture des bords inférieurs sur l'envers de la doublure :à 4 cm du bord, au niveau des parementures,progressivement de 4 cm à 1,5 cm au niveau des devants, à 1,5 cm au niveau des dos.

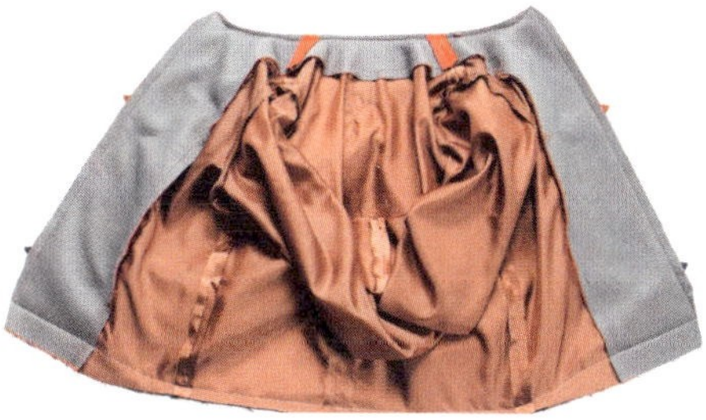

2 Posez la doublure sur la veste, endroit contre endroit. Épinglez tout le pourtour en prenant soin d'aligner les bords inférieurs des devants en doublure avec les bords inférieurs des devants extérieurs. Piquez tout autour à 1,5 cm du bord et sur la ligne de couture au bas de la veste. Crantez les marges aux angles et réduisez-les au niveau de l'encolure.

3 Épinglez les 4 cm d'ourlet sur le corps de la veste.

4 Fixez l'ourlet à la main au point de chausson : en avançant de gauche à droite, réalisez des points de droite à gauche en piquant une fois dans l'ourlet, une fois dans le tissu du dessous et ainsi de suite. Attention: veillez à ne pas piquer trop profondément le tissu du dessous pour que le fil ne soit pas visible sur l'endroit de l'ouvrage.

5 Épinglez, endroit contre endroit, les bords des manches extérieures avec les bords des manches en doublure en prenant soin d'aligner les coutures de dessous de manche. Piquez à 1,5 cm du bord.

6 De la même façon que précédemment, épinglez les 4 cm d'ourlet sur les manches et cousez-les au point de chausson. Retournez l'ouvrage sur l'endroit puis repassez soigneusement.

7 Épinglez le soufflet de la doublure bien à plat afin d'aligner les marges de l'ouverture milieu dos. Soulevez le soufflet et tracez la ligne de couture milieu dos afin d'avoir un guide pour fermer l'ouverture à la main.

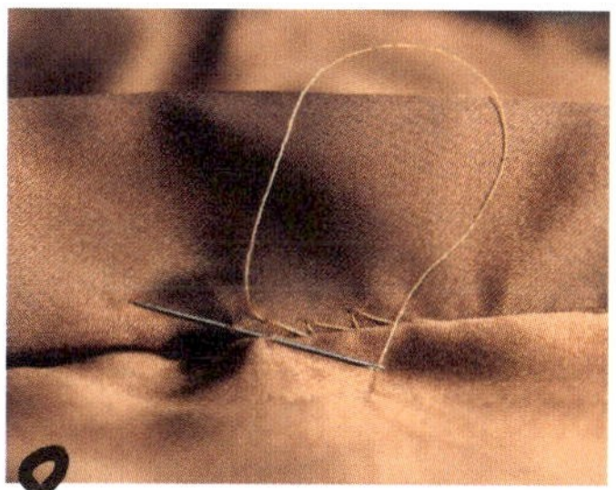

8 Fermez le milieu dos avec un point glissé : en travaillant de droite à gauche, piquez une fois dans le tissu du dessus côté soufflet, puis une fois en face, dans le tissu du dessous, sur la ligne tracée précédemment. Piquez 5 mm plus loin de nouveau dans le tissu du dessus, et recommencez ces étapes sur toute la longueur de l'ouverture.

Cahier technique d'Anna rose patterns

LE BIAIS DE PROPRETÉ

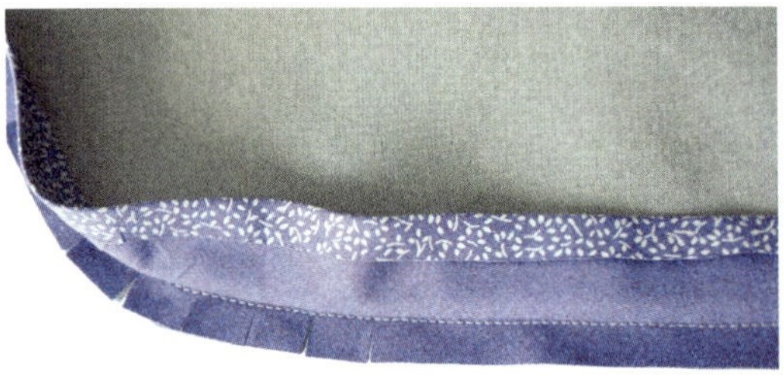

1 Cousez l'endroit du biais sur l'envers de la pièce de tissu. La couture se trouve juste avant le pli du biais. Crantez les arrondis.

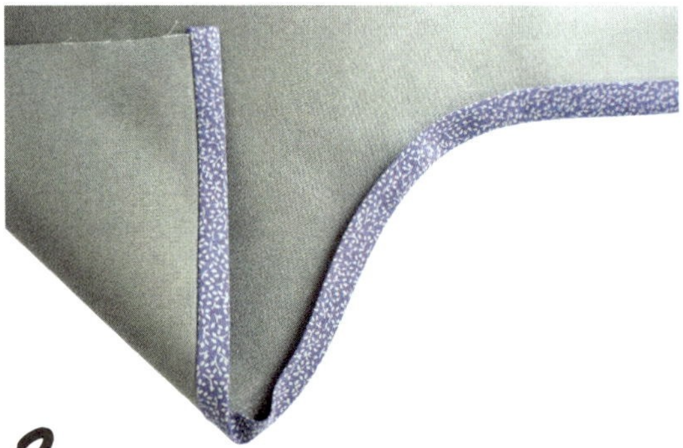

2 Repliez le biais (avec le bord libre plié sur l'envers du biais) à cheval sur le bord du tissu. Le bord libre du biais se trouve maintenant sur l'endroit du tissu et doit recouvrir la première couture.

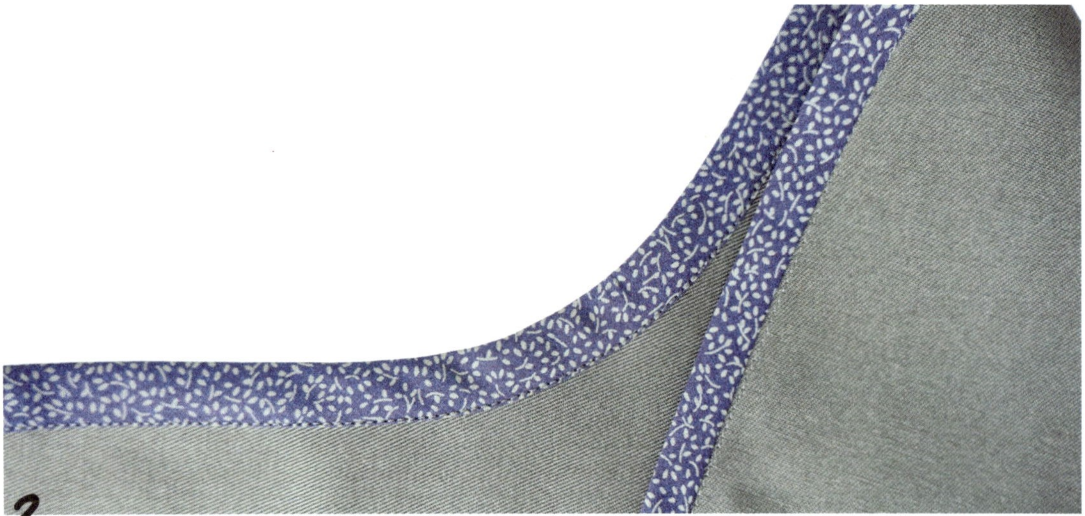

3 Repassez minutieusement et cousez à 1 mm du bord du biais. Sur l'envers, la couture se trouve à environ 1 mm du biais.

LA FENTE INDÉCHIRABLE

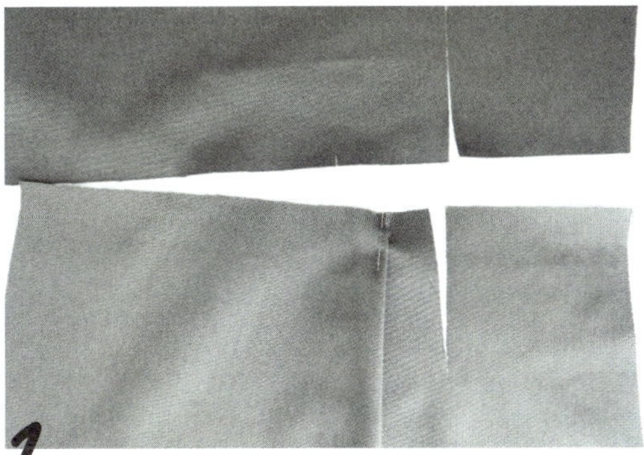

1 Réalisez le pli sur le bord inférieur de la manche en positionnant le repère le plus éloigné de la fente sur le repère le plus proche (endroit de la manche face à vous).

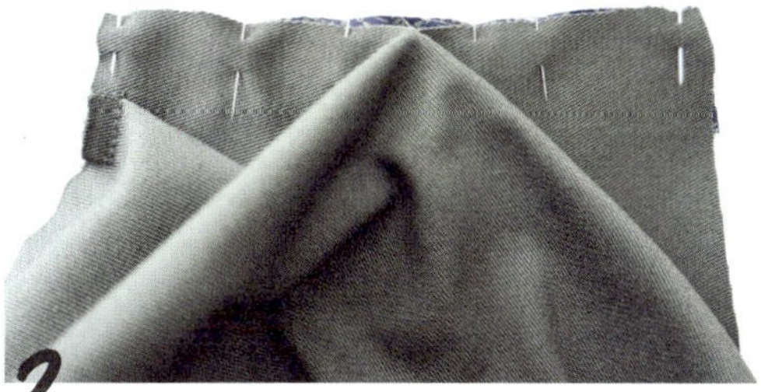

2 Ouvrez la fente et placez-la envers sur endroit du biais.

3 Cousez tout le long à 0,5 cm du bord, en laissant descendre légèrement le milieu de la fente pour ne pas pincer le tissu dans la couture.

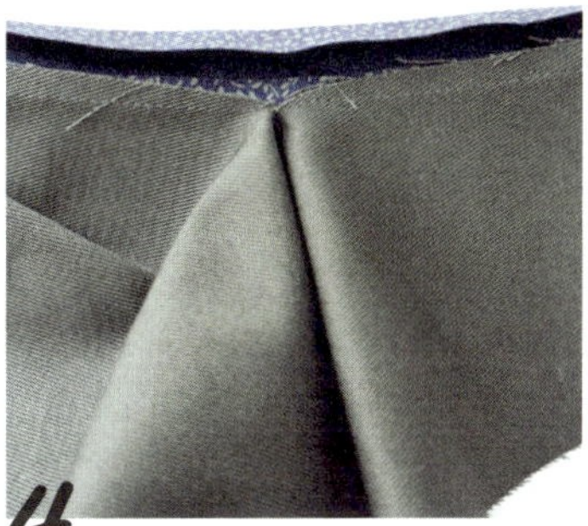

4 Repassez le biais vers le haut et repliez le bord libre sur l'envers et vers le centre.

5 Pliez une deuxième fois le biais pour qu'il recouvre la première couture et cousez à 1 mm du bord du biais.

6 Pliez la manche, endroit contre endroit, et faites ressortir le biais. Réalisez une couture oblique sur la pointe du biais, sans prendre le tissu de la manche dans la couture.

7 Repliez vers l'intérieur le biais qui sera du côté du pli et maintenez-le par une couture à 0,5 cm du bord.

LA POCHE À SOUFFLET

1 Surfilez le bord supérieur des poches. Réalisez un pli de 1,5 cm, envers contre envers, et cousez. Marquez le repère présent sur le bord supérieur à l'aide d'une épingle.

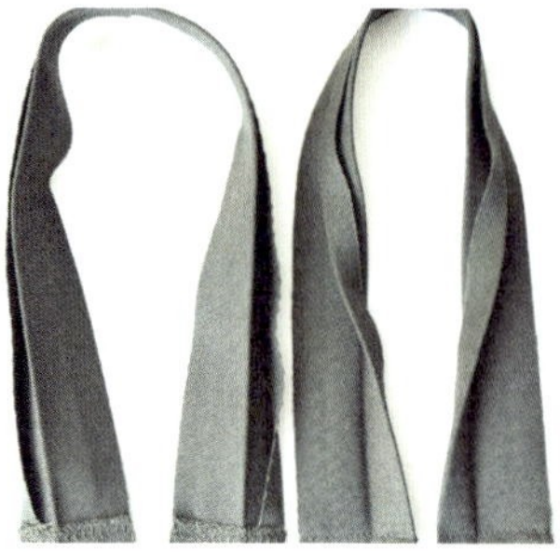

2 Pliez la bande de soufflet en deux sur la longueur, endroit contre endroit. Marquez au fer. Réalisez un autre pli de 1 cm, envers contre envers, sur un des longs bords. Marquez au fer. Surfilez les petits côtés avec le pli de 1 cm maintenu. Réalisez un pli de 1,5 cm, envers contre envers, sur les petits côtés et cousez. Si nécessaire marquez à nouveau le premier pli.

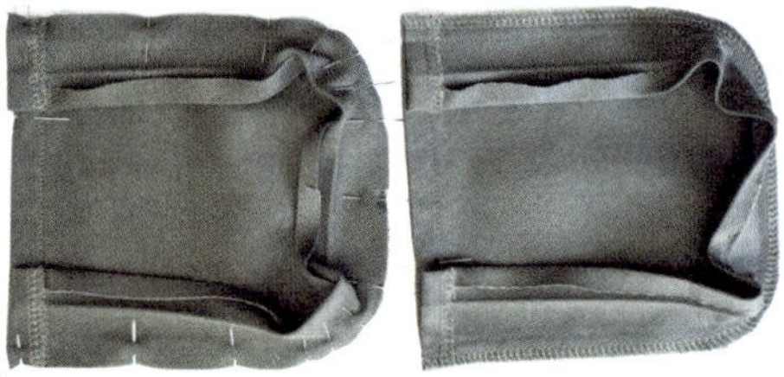

3 Cousez le soufflet (par le bord non plié) sur le bord extérieur de la poche, endroit contre endroit, en vous aidant des repères de milieu de poche et de soufflet. Surfilez les marges de couture ensemble, retournez et repassez.

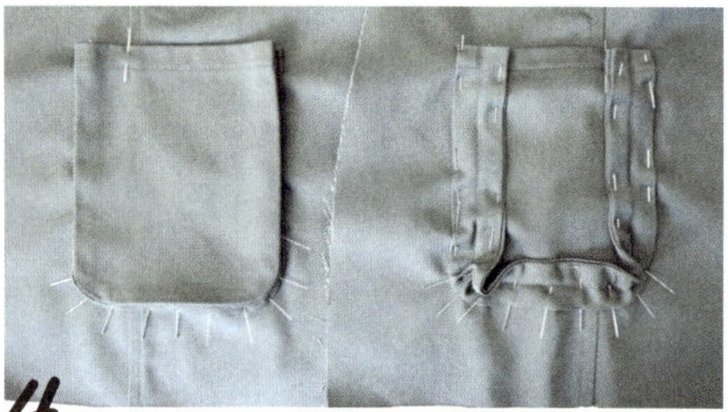

4 Positionnez le bas de la poche avec son soufflet sur le repère situé sur le devant de la veste. Le repère marqué par une épingle sur la poche (étape A) doit s'aligner avec la couture entre les deux pièces formant le devant. La poche doit être parfaitement alignée avec le soufflet dont les bords (pliés sur 1 cm vers l'envers) doivent être bien droits. Une fois en place, épinglez le dessus de la poche pour qu'il ne gêne pas et cousez le soufflet sur le devant de la veste, à 1 mm du bord. Renforcez la couture aux extrémités.

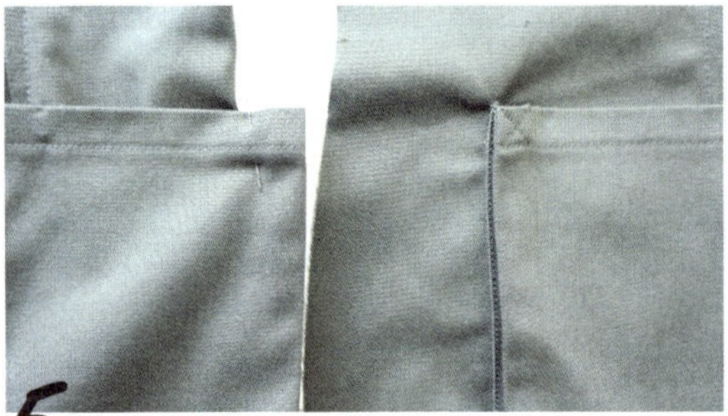

5 Pincez le bord supérieur et latéral des poches et réalisez une couture en croix pour masquer les marges de couture. Seule la partie supérieure du soufflet est prise dans la couture.

6 Préparez les rabats de poche. Pour cela, assemblez deux pièces de rabat, endroit contre endroit, et piquez tout le tour en laissant environ 6 cm non cousus au centre du bord supérieur. Réduisez et crantez les marges de couture sur l'arrondi et les angles. Marquez au fer les marges de couture sur le bord supérieur. Retournez et repassez minutieusement. Marquez le milieu de rabat à l'aide d'une épingle.

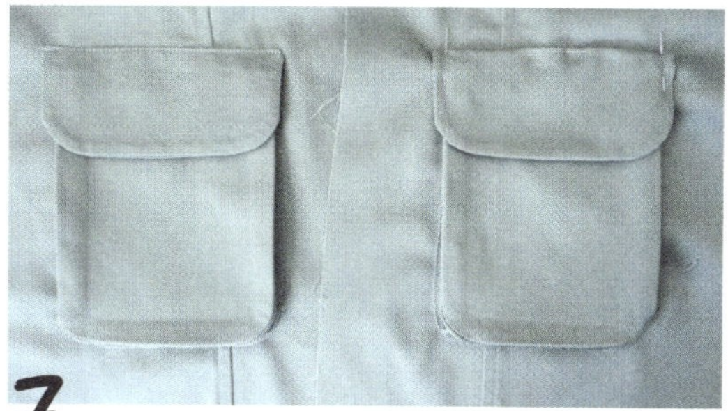

7 Cousez le rabat à 1 cm au-dessus du bord de poche en faisant coïncider les milieux des deux pièces. La couture est réalisée à 1 mm du bord supérieur du rabat et renforcée aux extrémités. Le rabat est plus large que la poche (environ 0,5 cm de chaque côté de la poche).

LES POIGNETS

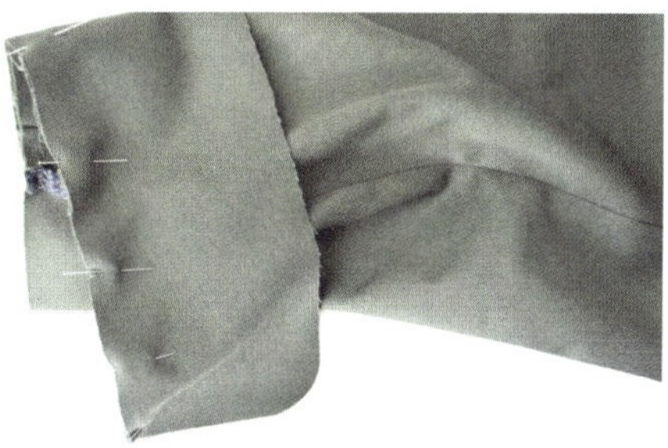

1 Après avoir réalisé la fente indéchirable, cousez une pièce de poignet sur le bas de manche, endroit contre endroit. Le repère sur le poignet correspond à la couture de manche. Du côté du pli et du biais replié, vous devez avoir environ 4 cm de poignet qui dépasse et 1 cm de l'autre côté.

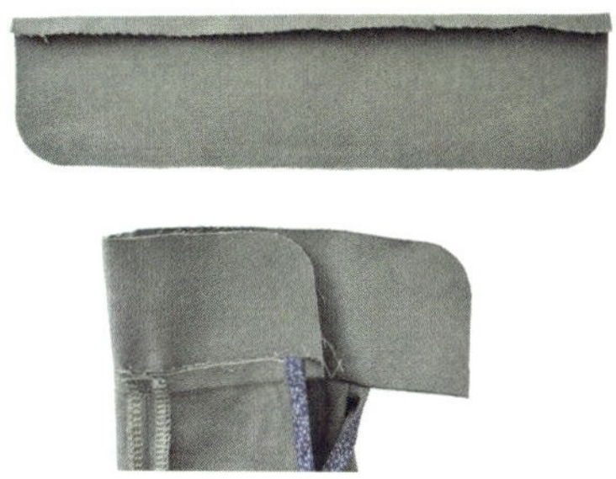

2 Repassez le poignet et les marges de couture vers le haut. Préparez la deuxième pièce de poignet en réalisant un pli de 1 cm le long du bord droit, envers contre envers.

3 Cousez la deuxième pièce de poignet sur la première, endroit contre endroit. Cousez au niveau des petits côtés, du bord supérieur et du bord inférieur dépassant. Dépliez la marge de couture du bord dépassant pour coudre jusqu'à la manche. De l'autre côté, les marges de couture des deux pièces sont maintenues pliées pendant la couture.

4 Crantez les arrondis et les angles et retournez la deuxième pièce de poignet à l'intérieur. Faites ressortir les angles et repassez minutieusement. Réalisez une piqûre de maintien sur le poignet, à 1 mm de la couture manche/poignet. La couture traverse les deux pièces de poignet et s'arrête au niveau de la manche.

Remerciements

L'éditeur remercie Pretty Mercerie et Stragier pour leurs magnifiques tissus.

Merci à Tanaïs Gustave de s'être si bien prêté au jeu des photos.

Les tissus

L'éditeur et les créatrices remercient Stagier et Pretty mercerie qui ont fourni les magnifiques tissus des modèles de ce livre.

PRETTY MERCERIE

Pretty Mercerie est la mercerie en ligne qui donne de l'allure à toutes vos créations et qui transforme votre loisir favori en art de vivre. Pretty Mercerie propose en permanence de nouveaux tissus et le fait chaque semaine sous forme de collections exclusives ! Des collections de tissus élaborées avec exigence et dans le respect des tendances de mode et de l'environnement, une qualité irréprochable au service de votre créativité. L'objectif de Pretty Mercerie est de proposer des collections qui apporteront cohérence et élégance à vos réalisations !

https://prettymercerie.com/

STRAGIER

Stragier est une entreprise familiale, et fait ses premiers pas en 1935. Installée aujourd'hui à Nil-Saint-Vincent, dans une éco-construction en plein cœur de la nature, elle compte de nombreux départements spécialisés dans le domaine textile. Depuis les plus belles dentelles pour la mariée, jusqu'au coton fin et doux pour les vêtements de bébé, ils offrent à leur clients le meilleur des matières textiles.

www.stragier.com

Direction : Guillaume Pô
Direction éditoriale : Tatiana Delesalle
Édition : Mélanie Jean
Direction artistique : Chloé Eve
Mise en pages : Studio Blick
Photographie : Laly Picon
Stylisme : Marie Mersier
Modèle : Tanaïs Gustave

Direction de fabrication : Thierry Dubus
Suivi de fabrication : Sabine Marioni
1re édition - N° d'édition : M19143
ISBN : 9782317019098
Code MDS : 63889
Achevé d'imprimer en août 2019 par Neografia en Slovaquie
© Mango, 2019
www.mangoeditions.com
Dépôt légal : septembre 2019

Retrouvez les créatrices des vestes et manteaux !

Les patronnes

www.lespatronnes.fr

Julie Kansara

www.damngoodcaramel.com

Anna rose Patterns

https://annarosepatterns.com

You made my day

www.you-made-my-day.com